Raumplanung als wissenschaftliche Disziplin im Nationalsozialismus

von

Martin Gerhard Bongards

Tectum Verlag
Marburg 2004

Bongards, Martin Gerhard:
Raumplanung als wissenschaftliche Disziplin im Nationalsozialismus
/ von Martin Gerhard Bongards
- Marburg : Tectum Verlag, 2004
ISBN 978-3-8288-8667-4

© Tectum Verlag

Tectum Verlag
Marburg 2004

Inhalt

EINLEITUNG 7

GRUNDLEGUNG: DER NATIONALSOZIALISMUS UND SEINE
        ENTSTEHUNG 12

a. Allgemeine Fragen 12
b. Rassismus 12
c. Der westeuropäische Nationalismus 13
d. Der völkische Nationalismus 14
e. Der Imperialismus 15
f. Der kontinentale Imperialismus Deutschlands 20
g. Das ökonomisch/politische Konzept 23

RAUMPLANUNG ALS WISSENSCHAFTLICHE DISZIPLIN IM
NATIONALSOZIALISMUS 25

1. Definition 25

2. Frühgeschichte der Raumplanung 26
    2.1. Die Entstehung der Raumplanung in den USA 26
    2.2. Die Entstehung der Raumplanung in Deutschland 29

3. Der Entwicklungsstrang der "ursprünglichen" Raumplanung 35
    3.1. Die Autobahnen 36
    3.2. Der Dr. Helmuth- Plan 41

4. Der Mitteleuropäische Wirtschaftstag 45

5. Das Beispiel Wien 50
    5.1. Wohnraum 51
    5.2. Gewerbebetriebe 52

6. Organisation und Institutionalisierung im Wandel. -
    Kriegsvorbereitung und Krieg. 55

6.1. Die Reichsstelle für Raumordnung 58
6.2. Vierjahresplanbehörde und Reichsarbeitsgemeinschaft für
   Raumforschung 61
6.3. Himmler, der Reichskommissar für die Festigung deutschen
   Volkstums 63
   6.3.1 Das polnische Land als Planungsraum 63
   6.3.2 Die polnische Stadt als Planungsraum, dargestellt an den
       Beispielen Posen und Lodz 71
6.4. Sonstige Raumplanungsinstitutionen 75
6.5. Der Generalplan Ost 77

7. Verschiedene Positionen zur Geschichte der Raumplanung 80
   7.1. Die Selbstdarstellung der Disziplin 81
   7.2. Strukturalistische Ansätze 82
       7.2.1 Die Unzulänglichkeiten der Diskursanalyse 82
       7.2.2 Der soziologische Ansatz 84
       7.2.3 "Vordenker der Vernichtung"? 86
   7.3. Kritische Geschichtswissenschaftler 88

8. Zusammenfassung und Fazit 91

Unwissenschaftliche Nachschrift (biographisches) 97

Literaturliste 103

Einleitung

Die vorliegende Arbeit entstand aus der Beschäftigung mit der Geschichte des eigenen Studienfachs[1] und seiner Vertreter. Das ist in diesem Fall die Geographie und darin die Teildisziplin Raumplanung[2].

Das Berufsbild des Raumplaners ist das eines verbeamteten Wissenschaftlers, der zugleich Planer ist und sich bei seiner Amtstätigkeit in entsprechenden Behörden auf eine ausdifferenzierte gesetzliche Grundlage (heute: Bundesraumordnungsgesetz) stützt, oder solchen Planern und ihren Institutionen in wissenschaftlichen Instituten zuarbeitet.

Raumplaner koordinieren - oder versuchen dies zumindest - Industrieansiedlungen mit der politisch gewünschten Verteilung derselben und der dazu notwendigen Infrastruktur. Sie üben heutzutage teils beratende, teils regulierende Funktion bei der Erstellung von Flächennutzungsplänen, Bebauungsplänen, Flurbereinigungen, Straßenbauplänen und ähnlichem aus.

Einer der zu seiner Zeit bekanntesten Raumplaner Deutschlands, der aus den Agrarwissenschaften kommende Konrad Meyer, hatte allerdings, wie viele seiner Zeitgenossen, völlig andere Vorstellungen über die Aufgaben der Raumplanung.

Als Leiter der Planungshauptabteilung beim Reichskommissar für die Festigung deutschen Volkstums erarbeitete er 1940 die "Planungsgrundlagen für den Aufbau der Ostgebiete". Diese enthalten ein detailliertes Konzept zur Kolonisation der gerade besetzten Teile Polens:

> "Das neue dem Reich angeschlossene Gebiet hat eine Gesamtfläche von 87.600 qkm. (...) Es wird im folgenden vorausgesetzt, daß die gesamte jüdische Bevölkerung dieses Gebiets von rund 560.000 bereits evakuiert ist bzw. noch im Laufe dieses Winters das Gebiet verläßt."[3]

---

1 Anm.: Die Motivation bestimmt auch den Rahmen der Arbeit: Diese Arbeit beschäftigt sich mit einer konkreten Wissenschaft in einem bestimmten Zeitabschnitt, der eben durch einen extremen Rassismus geprägt ist. Da der Rassismus als Legitimation des Imperialismus angesehen wird, gilt das Augenmerk der Einbindung einer bestimmten Wissenschaft in den NS- Imperialismus.

2 Anm.: Definition und Frühgeschichte der Raumplanung folgen im ersten Kapitel des Hauptteils.

3 Hauptabteilung Planung und Boden beim Reichskommissar für die Festigung deutschen Volkstums: "Planungsgrundlagen für den Aufbau der Ostgebiete", undatiert, nach Indizien nachdatiert auf ca. Mai 1940, zitiert nach: Karl Heinz Roth: "Vernich-

Dieses "evakuiert" ist ganz klar ein Euphemismus für Vertreibung - und Mord, und dieser Absatz ist Teil der Einleitung in die Planungsgrundlagen dafür. Anschließend wird nicht nur eine genaue - räumlich gegliederte, versteht sich - Strukturanalyse der Bevölkerung nach Alter, "Volkszugehörigkeit", Bildungsstand und Berufszugehörigkeit geleistet, es wird nicht nur beschrieben, wie große Teile der gerade unterjochten Bevölkerung in Polen durch deutsche Kolonisatoren ersetzt werden können, wie viele Deutsche wo dazu angesiedelt werden müssen, wie viele Straßen, neue Dörfer und Höfe dazu gebaut werden müssen, es wird sogar der Baustoffbedarf nach Materialgruppen für all diese Maßnahmen genau berechnet und anschließend sofort die Frage beantwortet, ob die polnischen Produktionsanlagen bis auf die benötigten Produktionskapazitäten gebracht werden können - und all das selbstverständlich unter Beachtung geographischer Gegebenheiten.

Wenn in dieser Arbeit weiterhin von Planungen die Rede ist, dann sind solche empirisch und geographisch äußerst exakten Arbeiten gemeint, die keinen Vergleich mit der heute ungleich entwickelteren Disziplin zu scheuen brauchen.

Hinter den grobschlächtig wirkenden Parolen der Nazigrößen werden bei genauerem Hinsehen dann solche Ausführungspläne sichtbar, die in ihrer empirischen Grundlegung und ihrer Effizienz so gar nicht zu eben diesen Parolen zu passen scheinen.

Daß Geographen in Kriegszeiten als Kartographen sehr gefragt sind, ist nun keine Neuerung dieses Jahrhunderts. Außergewöhnlich allerdings ist ihre Einbindung in die nationalsozialistische Eroberungs- und Vernichtungspolitik. Eine Wissenschaft, die sich Jahrhunderte damit beschäftigt hat, die Entstehung von Landschaftsformen zu erklären, entwickelt und fördert eine Teildisziplin, die zu einer Schnittstelle zwischen mörderischen Vorhaben und ihrer Durchführung wird.

Die mörderischen Vorhaben selbst sind nun nicht in den geographischen Instituten und Gesellschaften entwickelt worden, es war aber die Teildisziplin Raumplanung, die durch konzeptionelle Planung wesentlich die Umsetzung überhaupt ermöglichte.

Besonders beachtenswert erscheint dabei der Entwicklungssprung des Nationalsozialismus von einer auf den ersten Blick diffusen Großraumideologie

---

tung und Entwicklung - Die nazistische 'Neuordnung' und Bretton Woods", in: Mitteilungen der Dokumentationsstelle zur NS- Sozialpolitik, Juni 1985, S. 1 - S. 73, S. 54.
Anm.: Roth bezeichnet diese Planungsgrundlagen fälschlicherweise schon als ersten Generalplan Ost.

(mit dem für die Nazis so typischen Gerede vom Raum, "Volk ohne Raum" etc.), hin zu den eben zitierten Planungsgrundlagen als solche für den Raubkrieg. Diese Arbeit beschäftigt sich deshalb hauptsächlich mit dem Vorabend des II. Weltkriegs und den ersten drei Kriegsjahren und eben nur am Rande mit dem später so bekannt gewordenen Generalplan Ost.

Die Bearbeitung dieses selbstgewählten Themas erwies sich wegen der schwierigen Quellenlage als problematisch. Die Frühzeit der Raumplanung/ Raumforschung ist einigermaßen gut dokumentiert; sowohl was den organisatorischen Rahmen angeht als auch die Arbeitsergebnisse.

Dies ändert sich mit zunehmender Einbindung in die nazistische Politik und insbesondere mit Beginn der Kriegsvorbereitung. Zwar sind die entsprechenden Erlasse und Verordnungen bekannt, doch wird es zunehmend schwieriger, sie in ihrer Gesamtheit und vor allem in ihrer funktionalen Bedeutung richtig einzuschätzen. Hinzu kommt, daß im Rahmen einer solchen studentischen Arbeit Archivarbeit in Berlin (Berlin Document Center), Bonn (Politisches Archiv des Außenministeriums), Würzburg, Warschau, Wien und vielen weiteren Städten nicht zu leisten ist.

Daher stützt sich dieser Beitrag vor allem auf die Zeitschriften "Raumforschung und Raumordnung" und "Der Deutsche Volkswirt" (für das Kapitel über den Mitteleuropäischen Wirtschaftstag) als seine wesentlichen Quellen.[4]

Das ist insoweit unbefriedigend, als dort die eigentlichen Planungen meist nur angedeutet werden, sofern es sich um Planungen für besetzte Gebiete handelt und der Leser sich dort aus Tagungsberichten, politischen Ankündigungen und Lobhudeleien, verdeckten Kritiken und der Zielrichtung der Empirie den eigentlichen Gehalt der damaligen Raumplanungen herausinterpretieren muß.

Die Raumplanung (als wissenschaftliche Disziplin) im Nationalsozialismus wurde von Historikern noch nicht durchgehend untersucht, weder ihre Funktion noch ihre Bedeutung in diesem Zeitabschnitt sind bisher umfassend beschrieben worden. Daher geht kein Weg daran vorbei, sich mit einzelnen Tendenzen, Planungen, Institutionalisierungen und verwaltungstechnischen Anwendungen zu beschäftigen.

Diese Beschreibung bleibt notwendig fragmentarisch, denn eine systematische Untersuchung steht noch aus und ist ohne Archivarbeit nicht zu leisten.

---

4   Anm.: Raumplaner veröffentlichten auch in verschiedenen Propagandablättern, die hier nicht herangezogen wurden, da sie klientelspezifisch ausgerichtet sind.

Als relevant wurden folgende Bereiche erachtet:

Die Frühgeschichte der Raumplanung - sie sagt etwas aus über die Genese, ihre damalige Funktion und Bedeutung einer neuen Disziplin.

Der Mitteleuropäische Wirtschaftstag - hier wurde zum ersten Mal ein kontinentalimperialistisches Konzept unter besonderer Beachtung räumlicher Abhängigkeiten formuliert.

Die "Entjudung" Wiens ab 1938 - hier wurde zum ersten Mal außerhalb der Reichsgrenzen die Beraubung unter (allerdings eher mäßiger) Beachtung raumplanerischer Gesichtspunkte durchgeführt.

Die erstaunliche Vermehrung der Raumplanungsinstitutionen in Vorbereitung und zu Beginn des Krieges unter besonderer Berücksichtigung der Planungsansätze im besetzten Polen (als dem ersten überfallenen Land) - am Wandel der Institutionalisierung ist eine generelle Entwicklung ablesbar.

Dabei richtet sich das Augenmerk nicht auf die Theoriegeschichte dieser Wissenschaft, sondern mehr auf die Stellung einer bestimmten Teildisziplin in der Feldzugs- und Vernichtungsplanung und ihrer Durchführung.

Bei der Betrachtung stehen folgende Fragen im Mittelpunkt:

Wie entsteht diese extreme Gewalttätigkeit mitten in Europa? Eine Frage, die im Zusammenhang mit dem Nationalsozialismus immer gestellt werden muß.

War die Raumplanung ein Instrument der Kriegsvorbereitung? Will meinen: waren die Kriegsziele raumplanerisch definiert?

Entstand die Expansionstendenz (auch) in der Raumplanung? War also die Wissenschaft Schnittpunkt/ Ausgangspunkt derartiger Interessen? Oder wurde die Expansionstendenz dort hineingetragen?

Welche Arbeitshypothesen können über die Stellung der Raumplanung im nationalsozialistischen Herrschaftskonzept (insbesondere in dessen Expansionstendenz) formuliert werden?

Als herausforderndes Objekt zwingt der Nationalsozialismus dazu auch kleinere Teilbereiche unmittelbar in ein umfassenderes theoretisches Konzept einzuordnen und zu werten. Um ständige Wiederholungen zu vermeiden, wird in einer kurzen Einführung ("Grundlegung...") das verwendete grundsätzliche Erklärungsmuster zum Verständnis des Nationalsozialismus als Arbeitsgrundlage festgelegt und soll anhand der Ergebnisse auch überprüft werden.

Nach dieser Einleitung gliedert sich diese Arbeit also in zwei Teile:
- "Grundlegung: Der Nationalsozialismus und seine Entstehung"
Dieser Teil hat sieben Abschnitte (a bis g, Seite 10 bis Seite 24) und legt das grundsätzliche Erklärungsmuster zum Verständnis des Nationalsozialismus dar.
- "Raumplanung als wissenschaftliche Disziplin im Nationalsozialismus"
Dieser Teil (ab Seite 25) hat acht numerisch aufgeführte Kapitel und eine Nachschrift.

Zitate allgemein sind eingerückt formatiert; die Quellenzitate ("Nazitext") sind zur besseren Kenntlichkeit zudem kursiv gesetzt, denn sie sind ja von den Texten der Historiker[5] durch eine grundverschiedene Sprache getrennt, was damit berücksichtigt ist. Es werden aus den Quellen nur einige ausgesuchte Artikel zitiert, um dem/der interessierten Leser/in einen Einstieg zu ermöglichen. Jeder dieser ausgesuchten steht für eine Unzahl von fast gleichlautenden Artikeln mit den immergleichen Phrasen.

---

5 Anm.: Historiker verwenden gerne Abkürzungen. Diese wurden hier ohne weitere Kennzeichnung ausgeschrieben. Die inhaltliche Wiedergabe berührt dies nicht.

Grundlegung: Der Nationalsozialismus und seine Entstehung

a. Allgemeine Fragen

Der Nationalsozialismus kann nicht als notwendige Konsequenz des Kapitalismus, des Nationalismus oder des Rassismus erklärt werden, da er nur in einem Land entstand und alle oben genannten Komponenten auch in anderen Ländern zusammen auftauchten. Zudem kann der Nationalsozialismus nicht als notwendige Konsequenz der Abwehr der revolutionären deutschen Arbeiterbewegung von 1918 verstanden werden, denn die war längst geschlagen. Daraus ist zu folgern, daß die genannten Komponenten in ihrer spezifischen Konfiguration zum Entstehen des Nationalsozialismus' beigetragen haben, mithin einzeln zu den notwendigen, aber nicht hinreichenden Bedingungen gehören und ihre Genese somit für unsere Fragen unverzichtbar ist.

Zu deren Klärung ist es also notwendig den Rassismus, den Nationalismus in seinen verschiedenen Ausprägungen und den Kapitalismus in seiner imperialistischen Variante - kurz: Imperialismus - vergleichend zu betrachten. Dabei stützt sich diese Einführung hauptsächlich auf Rudolf Hilferding: "Das Finanzkapital", Berlin 1910/ 1947 die Veranlassungen der imperialistischen Expansion betreffend und auf Hannah Arendt: "Elemente und Ursprünge totaler Herrschaft"[6], Frankfurt a. M. 1955, die Rückwirkungen eben dieser Expansion auf die europäischen Länder klärend.

Dargestellt werden hier nur die Hauptlinien der politisch- gesellschaftlichen Entwicklungsoweit sie das Herrschaftssystem betreffen; aus Platzgründen geschieht dies in sehr abstrakter Form.

b. Rassismus

"Der Rasseidee als Thema geistesgeschichtlicher Untersuchungen kommt keine Relevanz irgendeiner Art zu. (...) Das 19. Jahrhundert ist voll von absurden Weltanschauungen, die wir nahezu vergessen haben. (...) Die imperialistische Politik andererseits würde eine Rasseideologie auch dann gebraucht und daher vermutlich auch

---

6   Anm.: Dies ist bekanntermaßen kein theoretisch kohärentes Werk, der zentrale Gedanke über die Rückwirkungen (siehe dazu Abs. f) ist aber von derartiger Brillianz, daß darauf hier zurückgegriffen wurde. Den eigentümlich phänomenologischen Ansatz Arendts kann man nur unter Beachtung ihrer Biographie verstehen.

gezeitigt haben, wenn nie jemand vor ihr das Wort Rasse in den Mund genommen hätte."[7]

Das Recht des Stärkeren als höchste Norm, die Ungleichheit der Menschen, schlicht die Ersetzung des Rechts durch die Gesetze des Dschungels, all diese Tendenzen wurden im Imperialismus zur Legitimation herangezogen und entwickelten sich in unserem Jahrhundert zu nie geahnter Monstrosität.

c. Der westeuropäische Nationalismus

Im Westen beruhte der moderne Nationalstaat mit seinem Anspruch das ganze Volk zu repräsentieren, auf der Verschmelzung des Prinzips der nationalen Zugehörigkeit mit dem Prinzip des legalen Staates. Nationalstaaten entstanden immer nur dort, wo Völker - angeführt von aufstrebenden Klassen - sich als kulturelle und geschichtliche Einheiten verstanden (und nicht glaubten, gerade sie hätten den genial gewundenen Weg von der Affenhorde zum Parlamentarismus gefunden), die auf ein bestimmtes Siedlungsgebiet festgelegt sind. In solchen Fällen verweist die Landschaft auf die Arbeit und die historischen Taten der Vorfahren und das Schicksal der Nachfahren.[8]

Das Problem des modernen Staates waren die sozialen Auseinandersetzungen innerhalb der Gesellschaft. Mit der Durchsetzung der Volkssouveränität wuchs die Gefahr einer Eskalation der Kämpfe um die Kontrolle des Staatsapparates (als Form der sozialen Kämpfe). Die ideologische Gegenstrategie des seine Souveränität schützenden Staates ist die Auflösung der sozialen Gruppen in Individuen (ein Prozeß, der in der ökonomischen Sphäre durch die Auflösung der Einheit von Produktion und Reproduktion seine Grundlage hat), forthin die Unterwerfung unter die staatliche Souveränität und die Anbindung der Atomisierten mittels nationaler Phrasen an den Zentralstaat. Hier hatte der Nationalismus also die Aufgabe der Befriedung und Sicherung der bestehenden Verhältnisse, er war das einzige Band, das ein Gemeinsames symbolisierte, die Abstammung.

Das relevante Abstammungskriterium war die dauerhafte Ansässigkeit, also die gemeinsame Geschichte - nicht die Biologie. Wird der westliche Nationalismus in Krisen xenophob, richtet sich sein Anspruch auf Exklusivität gegen neue Zuwanderer, die vermeintlich nicht mehr - wie sonst üblich - integriert werden können.

---

7   Hannah Arendt: "Elemente und Ursprünge totaler Herrschaft", Frankfurt a. M. 1955, S. 302f.

8   Vgl. Ebd., S. 367ff.

Der westliche Nationalismus blieb in dieser Hinsicht immer dem Legalitätsprinzip (im Innern) treu, und die zersetzenden Wirkungen hielten sich in Grenzen. Anders der völkische Nationalismus Ost/Mitteleuropas.

d. Der völkische Nationalismus

In Ost/Mitteleuropa entstand der Nationalismus erst unter dem Eindruck der Machtentfaltung der westlichen Nationen, weshalb der völkische Nationalismus hier wesentlich in seiner Differenz zum westeuropäischen beschrieben werden soll. Er ist von vorne herein ein abgeleiteter Nationalismus, da er in keiner gemeinsamen Geschichte eine Grundlage hat. Das Nichtvorhandensein geschlossener Siedlungsgebiete und das Fehlen überlieferter Kultur und Geschichte führte dazu, daß "nationale Identität" als vom Territorium unabhängig und als persönliche Eigenschaft verstanden wurde. Die Zugehörigkeitsdefinition erfolgt häufig an Sprachgrenzen (Herder) und wuchert von dort aus ins Irrationale.

Die Absurdität[9] der jeweiligen Zugehörigkeitsdefinition wurde durch die Aggressivität ihrer Propagierung ausgeglichen.

Die in ethnischen Gemengelagen lebenden, nie zur Ruhe gekommenen Völker waren zum Staatspatriotismus unfähig, weil politische Verantwortung für ein nationales Territorium außerhalb ihrer Erfahrung lag. Nationalismus nimmt hier die Form eines erweiterten Stammesbewußtseins an, das durch die mangelnde gemeinsame, reale und reflektierte historische Erfahrung und ihren gewünschten Ersatz durch Mythologisierung genährt wird. Da diesen Nationalismen die sichtbare historische Leistung (schon gar die bürgerliche Revolution) gänzlich fehlt und auch ihr Siedlungsraum nicht wirklich auf sie und feststellbare historische Leistungen verweist, wird die eingebildete Nation ins Innere des Menschen verlegt, genauer gesagt ins Blut, dort wo sich nach völkischer Sichtweise Seele und Abstammung ein Stelldichein geben.

Gefährlich an dieser Form des Nationalismus ist die ideologische Abkopplung vom Gedanken des modernen Rechtsstaates; nationale Politik ist nicht an ein Territorium gebunden, sondern ist überall dort legitim, wo Splitter des jeweiligen Volkes leben.

Als besonders aggressive Variante des völkischen Nationalismus sind die europäischen Panbewegungen, insbesondere die deutsche, anzusehen. Während der westliche Imperialismus zur Legitimation seiner Expansion nach Übersee auf politisch begrenzte Überlegenheitstheorien zurückgriff, wie die Mission zur Zivilisierung der Wilden, sahen sich die Panbewegungen mit

---

9 Anm.: Als Beispiel sei hier die Verwandtschaft des Jiddischen zur deutschen Sprache aufgeführt.

anderen gleichwertigen Nationalismen konfrontiert. Sie mußten sich daher zur Rechtfertigung ihrer Politik auf die Besonderheit ihres Volkes berufen. Die von ihnen formulierten Auserwähltheitsansprüche bekamen schnell ein pseudoreligiöses Gepräge.

Auserwähltheit ist dabei keine individuelle Eigenschaft, sondern eine Eigenschaft des Volkes als Organismus, welches als Vermittler zwischen Individuum und der "Vorsehung" steht. Konsequenterweise verliert damit jedes Individuum mit seiner "nationalen Identität" auch alle Rechte. Andererseits wird jedes Volk von seiner realen Geschichte und Kultur losgelöst und auf seine "göttliche Sendung" reduziert und an dieser wird die Realität gemessen. Das Amalgam aus Verachtung für das Individuum und Realitätsverlust macht die Destruktivität der völkischen Ideologie aus. Mit der Bedeutungslosigkeit des Individuums verschwinden die Unterschiede innerhalb des Volkes, "so daß es auf jene `Massenhaftigkeit´ vorbereitet wird, in welcher der einzelne sich wirklich nur als Exemplar einer Spezies fühlt."[10] Egal ob Gott oder die Natur für die nationale Mission verantwortlich gemacht wird, letztlich werden Völker wie Spezies betrachtet und die Gesetze des Tierreichs werden auf die Politik übertragen.

Diese Pangermanisten wären womöglich auch völlig in Vergessenheit geraten, wenn sich ihre (ursprünglich aus der Zeit der Bildung des Nationalstaates stammende) Ideologie nicht in Deutschland mit einem imperialistischen Konzept hätte verbinden lassen. Erst aus der Verbindung von einem ganz spezifischen imperialistischen Konzept und dem völkischen Nationalismus erwuchs der Nazismus. Um diese Spezifik des deutschen zu erklären, muß der Imperialismus in seiner Genese dargestellt werden.

e. Der Imperialismus

Als klassischer Imperialismus wird eine spezifische Form der Flächenexpansion bezeichnet, die sich von der vorangegangenen Gründung von Siedlungskolonien und der einfachen Beraubung deutlich unterscheidet. Er beginnt ca. 1870 und führt binnen weniger Jahrzehnte zur Ausdehnung der europäischen Nationen über fast den ganzen Erdball.

Vorausgegangen war dem eine für die europäischen Nationen neuartige ökonomische Krise: Die im Land erwirtschafteten Gewinne konnten im Rahmen des damals bestehenden Produktivkrafttyps nicht mehr im Inland gewinnbringend angelegt werden, und diese Akkumulationskrise gefährdete die gesamte Nationalökonomie. Auslandsinvestitionen in nicht industrialisierten Teilen der Welt waren die Lösung. Die Förderung und Sicherung sol-

---

10 Hannah Arendt a.a.O., S. 376.

cher Auslandsinvestitionen wurde somit zur Existenzfrage jeder europäischen Regierung.

"Und so kam es, daß zum ersten Mal die politischen Machtmittel des Staates den Weg gingen, der ihnen vom Kapital vorgewiesen war."[11]

Denn das exportierte Kapital insistierte auf seinem Schutz und drohte andernfalls die gesamte Nation zu ruinieren. Gleichzeitig wuchs die Zahl derer, die vom fortschreitenden Industrialisierungsprozeß aus ihren traditionellen Wirtschaftspositionen hinauskatapultiert wurden. Solche "Überflüssigen" hatte Europa über Jahrhunderte produziert und exportiert; die raubten und siedelten ganz nach Belieben, schafften Gold nach Europa, waren jedoch nie integraler Bestandteil der Ökonomien ihrer Heimatländer. Dies änderte sich erst, als sie zusammen mit den Auslandsinvestitionen auswanderten.

Nun stellte sich sehr schnell heraus, daß dieser Notbehelf sich zu einer dauerhaften Einrichtung mauserte. Denn die Profite sind in einem rückständigen Land höher, insbesondere dann, wenn ein solcher Produktionsstandort in die nationale Protektion als Kolonie mit einbezogen wird. Die höheren Profite ergeben sich aus dem geringeren Investitionsvolumen und den niedrigeren Löhnen (geringe organische Zusammensetzung, das Kapital flüchtet sich also in seine eigene Vergangenheit). Die geringe Qualifikation der Arbeitskraft kann dabei durch überlange Arbeitszeiten kompensiert werden. Ein entscheidender Faktor für die Beibehaltung beschriebener Arbeitsverhältnisse und extrem niedriger Löhne war - neben den Kolonialverwaltungen und ihren diesbezüglichen Einfällen - die Produktion einer extrem großen industriellen Reservearmee durch Landraub, Vertreibung und erstmalig gezielter Umsiedlung wo nötig (z.B.: Tamilen nach Ceylon).

Der Zerstörung der alten Produktionsweise folgt aber keineswegs eine normale industrielle Entwicklung, sondern eine Extraktionsökonomie, auch wenn diese nicht eigentlich geplant wird, denn die räuberische Enteignung der autochtonen Bevölkerungen verbilligt Rohstoffe und Böden extrem, was den Investitionen eine Zielrichtung gibt: Typisch für imperiale Expansion war eben die Ausweitung der Rohstoffgewinnung (Preissenkung), der Grundstoffindustrien und der landwirtschaftlichen Produktion, die plantagenmäßig organisiert wurde.

Damit aber wurden die Auslandsinvestitionen von einem Notbehelf zu einem entscheidenden Faktor für den Wohlstand der konkurrierenden europäischen Länder und zu einer dauerhaften Einrichtung derselben, die nun um die verbliebene "freie Fläche" konkurrierten. Und gerade in der plantagen-

---

11   Ebd., S. 225.

mäßig organisierten landwirtschaftlichen Produktion spiegelt sich der Charakter der kolonialen Ausplünderung, denn die moderne Großfabrik wurde eben nicht in die Kolonien verpflanzt, sondern nur ein Produktivkrafttypus, der in Europa bereits als überholt galt und in den Kolonien mittels Gewalt stabilisiert wird.

"Während sich der Kapitalismus im weltweiten Maßstab ausbreitete, hat der Großteil der Welt nur die zersetzenden Einflüsse und nichts von seinen zivilisatorischen Auswirkungen zu spüren bekommen."[12]

Auch der hier zitierte Rudolf Hilferding sieht durchaus, daß die so lohnenden Direktinvestitionen mit Raub und Plünderung vorbereitet wurden:

"Die Methoden der Arbeitserzwingung sind mannigfaltig. Hauptmittel ist die Expropriation der Eingeborenen, denen das Land und damit die Grundlage ihrer bisherigen Existenz genommen wird (...)."[13]

Die imperiale Expansion entwickelt notwendig eine passende Geisteshaltung, die Hilferding so beschreibt:

"Die Sklaverei wird aufs neue ein ökonomisches Ideal und damit zugleich jener Geist der Bestialität, der sich aus den Kolonien auf die Träger der Kolonialinteressen der Heimat überträgt und hier seine widerlichen Orgien feiert."[14]

Diese generelle Arroganz gegenüber den Kolonisierten, diese Ignoranz gegenüber ihren vitalen Überlebensinteressen hält Hilferding (und mit ihm fast die gesamte Linke) für vorübergehende Phänomene einer beginnenden (halbwegs normalen) industriellen Entwicklung in den Kolonien, was auch zu einer Angleichung der Lebensverhältnisse führen werde.

Er beachtet weder das Personal der kolonialen Expansion, noch hält er eine Stabilisierung der beschriebenen Verhältnisse für wahrscheinlich, zudem kann er die Vorteile für die Innenpolitik der imperialistischen Länder nicht erkennen, denn die Verteuerung der Arbeitskraft in Europa und die Auspressung derselben in den Kolonien gehen Hand in Hand. Auch Hannah Arendt folgt der Analyse Hilferdings die ökonomischen Veranlassungen betreffend, weicht allerdings in der Einschätzung der politischen Implikationen entscheidend davon ab:

---

12 Rudolf Hilferding: "Das Finanzkapital", Berlin, 1910/1947 S. 452.

13 Ebd., S. 435.

14 Ebd., S. 437.

"Die frühzeitige Entdeckung der rein ökonomischen Veranlassungen und Triebfedern des Imperialismus (durch die Marxisten, M.B.) (....) hat die eigentliche politische Struktur, den Versuch nämlich, die Menschheit in Herren- und Sklavenrassen, in 'higher and lower breeds', in Schwarze und Weiße (....) einzuteilen, eher verdeckt als aufgeklärt."[15]

Während also Hilferding die Angleichung der Lebensverhältnisse prognostizierte, analysiert Hannah Arendt die Funktionsweise einer "Rassegesellschaft" am Beispiel Südafrikas, welches die Funktionsweise einer kolonialen Despotie zeigt. Letztere wurde dort im Apartheidregime bis in die 1990er Jahre konserviert und gibt einen guten Einblick in die Funktionsweise kolonialer Ausplünderung. Dazu notwendig ist die Ausschaltung eben jenes minimalen Schutzes der Arbeitskraft, welche die europäischen Verfassungen nach langen Kämpfen endlich festgeschrieben zu haben schienen. Eine gewöhnliche Industrialisierung konnte also von den Imperialisten gar nicht angestrebt werden, die hohe Produktivität sollte dem Mutterland vorbehalten bleiben.

Außerhalb der Landesgrenzen änderten die exportierten staatlichen Machtmittel prinzipiell ihren Charakter: wurden sie im Herkunftsland kontrolliert - segensreich hier auch die Wirkung der Konkurrenz - und (fast) nur zur Absicherung der bestehenden Produktionsverhältnisse eingesetzt, besaßen sie in den Kolonien uneingeschränkte Macht, waren dort also nichts als Funktionäre ökonomisch motivierter, auf direkte Aneignung zielender, blanker Gewalt, die niemandem Rechenschaft ablegen mußten, solange sie den Schutz der Auslandsinvestitionen garantierten, was zwei Neuerungen in die europäische Politik und ihr Verständnis brachte:

1. Die ständige Expansion um des nationalen Wohlstands (billige Rohstoffe etc.) willen wurde zum zentralen Element imperialistischer Politik und eben nicht die Absicherung eines klar umgrenzten Nationalstaates.

2. "Macht (genaugenommen Machterweiterung statt Herrschaftssicherung, M.B.) wurde aus einem Element zum Wesen politischen Handelns und aus einem Problem zum Zentrum politischer Theorien, als sie von dem politischen Körper, in dem sie entstanden und funktioniert hatte, getrennt und als Gewalt exportiert wurde."[16]

---

15 Hannah Arendt a.a.O., S. 209.

16 Ebd., S. 252.

Die Staatsmacht sichert jetzt also nicht mehr eine Aneignungsform, sondern dient direkt der Akkumulation, daher die dem Imperialismus eingeschriebene Tendenz zur Despotie: Staatliche Souveränität und Mehrproduktaneignung (Mehrwertaneignung) rücken zusammen.[17]

Die kolonialen Verwaltungsbeamten waren die ersten praktizierenden modernen *reinen* Machtanbeter in dem Sinne, daß sie aus gutem Grunde die Etablierung eines neuen Gesetzes als der weiteren Expansion hinderlich ablehnten. An die Stelle einer Regierung tritt die Kolonialverwaltung, an die Stelle des Gesetzes die Verordnung.[18] Die als blanke Gewalt exportierten staatlichen Machtmittel entwickelten eine Unterdrückung und Ausbeutung auf dem Verordnungswege (statt der früher so beliebten unregelmäßigen Dreieinigkeit von Raubkrieg, Handel und Piraterie), für die es in Europa einige Ansätze, aber keine echten Vorbilder gab. Staatliche Macht wird zur direkten Quelle ökonomisch motivierter Anordnungen und dient eben nicht der Durchsetzung verbindlicher Gesetze. Letztere sahen die kolonialen Verwaltungsbeamten - hier ganz Machtpolitiker geworden - als untaugliche Einschränkung ihrer Verfügungsgewalt.

Die Machtausübung des bürgerlichen Staates hat immer zwei Seiten: Die zivilisierte Durchsetzung der Gesetze und die unvermittelte, uneingeschränkte Gewalt mittels Terror, wenn die Staatsraison dies erfordert. Letztere wird in Staaten mit demokratischer Tradition aus Einsicht heraus immer auf Notstandssituationen beschränkt. Dieselben Staaten aber wenden in ihren Kolonien dauerhaft uneingeschränkte Macht an. Hier liegt der qualitative Schritt von einer bürokratischen Verwaltung zum despotischen Bürokratismus. Festgelegte Ausübungsprinzipien oder gar öffentliche Rechtfertigungen sind in den Kolonien überflüssig und werden als funktionsgefährdende Beschränkung verstanden.

---

17 Anm.: Durch die extreme Hegemonie der großen Kolonialgesellschaften fielen Mehrproduktaneignung und Souveränität (fast) zusammen (die großen Kolonialgesellschaften dirigierten ob ihrer ökonomischen Macht das Militär, oder hatten formale Souveränitätsrechte); eine klassische Ausgangsposition für despotische Herrschaft und zwar mit oder ohne Adaption lokaler Ausbeutungsverhältnisse samt entsprechender Eliten. Vgl. Ernest Mandel: "Marxistische Wirtschaftstheorie", Frankfurt, 1968, S 472ff.

18 Vgl. Hannah Arendt a.a.O., S. 250ff.

f. Der kontinentale Imperialismus Deutschlands

Zur gleichen Zeit als die britische Kolonialverwaltung in Indien die Ausraubung eines Subkontinents organisierte, konnten Gewerkschaftsführer an der Speakers Corner in London ungestört ihre gesellschaftspolitischen und arbeitsrechtlichen Forderungen stellen und merkten meist nicht einmal, wie auch sie schon von der so hergestellten internationalen Arbeitsteilung profitierten.

Die (dauerhafte) uneingeschränkte Machtausübung wurde auf die Kolonien beschränkt; im Mutterland selbst unterschied man weiterhin fein säuberlich zwischen Gesetzesherrschaft und Notstandsregime. Notwendig für eine solche Trennung ist eine erhebliche räumliche Distanz; sie ist es, die die Bestialität auf die Kolonien "begrenzt", die die Verachtung von Legalität und Demokratie nicht (sofort) aufs Herkunftsland übergreifen läßt.

Deutschland ist trotz einiger Anstrengungen im Kampf um die Aufteilung der Erde unterlegen. Im Land setzt sich ein aggressiveres politisches Konzept (vertreten z.B. durch Bethmann- Hollweg) durch, das des kontinentalen Imperialismus, der Wunsch sich "seine" Kolonien in unmittelbarer Nachbarschaft einzurichten, für dessen Berechtigung ausgerechnet die Erfolge der westeuropäischen Konkurrenten herangezogen werden. Den ersten großangelegten Umsetzungsversuch kontinental- imperialistischer Konzepte sehen wir in den Kriegszielen des ersten Weltkrieges. Die radikalisierte Rekonstruktion betreiben dann die Nazis mit ihrem Wirtschafts- und Lebensraumkonzept, das sie eben völkisch legitimieren.[19]

Bei diesen Konzepten schlagen allerdings die imperialistischen Herrschaftsmethoden, also die notwendige Entwicklung hin zur Despotie, schon in der Vorbereitungsphase sofort auf das Mutterland zurück und werden zu einem einheitlichen Herrschaftskonzept verschmolzen. Die für die Einwohner Britanniens so segensreiche, heuchlerische Unterscheidung zwischen der Gesetzesherrschaft im Mutterland und der Begrenzung der uneingeschränkten Machtausübung auf die Kolonien kann hier nicht durchgeführt werden. Dementsprechend wird auch die rassistische Ausgrenzung aggressiver und zwangsläufig auch im Mutterland angewandt, um die Helotenstellung erst der Nachbarn und dann die eines Teils der eigenen Bevölkerung zu legitimieren. Anfangs verwendeten die Propagandisten des kontinentalen Imperialismus dazu noch die Sprache des Minderheitenschutzes - wie heute.

---

19 Anm.: Die Kontinuität kontinentalimperialistischer Ziele wird von Adolf Hitler selbst immer wieder hervorgehoben. So definiert er in der 1936er Ausgabe von "Mein Kampf" S. 151f die außenpolitischen Ziele als *"Erwerbung von neuem Lande in Europa selber (...) als ausschließlichen Zweck"* der Außenpolitik und bezieht sich dabei ausdrücklich auf eine Wertung der Politik von 1914.

"Aber die germanischen Völker außerhalb des Deutschen Reiches (...) lieferten nur die Vorwände 'nationaler Selbstbestimmung', um die ersten Sprungbretter weiterer Expansion zu gewinnen."[20] Prägnanter läßt sich der Charakter deutscher Minderheitenpatronage nicht darstellen. Ideologische Grundlage ist in allen Fällen das "völkische", also blutsbezogene Denken des völkischen Nationalismus (siehe dazu Abs. d.) und der daraus abgeleitete Pangermanismus.

Beide benötigen den Antisemitismus als Folie ihres die Plünderungszwecke legitimierenden Auserwähltheitsanspruchs und werden erst im kontinentalen Imperialismus zu wirklich gefährlichen Ideologien. Erst mit dem kontinentalen Imperialismus erfährt der Antisemitismus in Deutschland seine extreme Radikalisierung.

"Es war dem kontinentalen Imperialismus vorbehalten, die Rasseideologie unmittelbar in die Politik (um das und im eigenen Land, M.B.) umzusetzen und apodiktisch zu behaupten: 'Deutschlands Zukunft liegt im Blute' (Ernst Hasse)"[21]

Um allerdings diese völlige, mörderische Verantwortungslosigkeit der Ausführenden zu verstehen, muß die Entstehung dieses Personals beleuchtet werden, denn diese strukturelle Ähnlichkeit zwischen den Exekutoren kolonialer Unterdrückung (z.b. in Südafrika) und den Propagandisten des völkischen Wahns ist nun keineswegs zufällig.

Diese kolonialen Abenteurer entstanden direkt aus dem ökonomischen Prozeß: Sie setzten sich zusammen aus all den verschiedenen ehemaligen Kleinbürgern, bourgeoisen Verlierern, ehemaligen Feudalen, wo diese sich bis in das 19.Jahrhundert hatten halten können, ehemaligen Staatsdienern aller Art und der zu diesen Gruppierungen gehörenden Intelligenz, denen allen gemeinsam war, daß sie vom fortschreitenden Industrialisierungsprozeß mittels Konkurrenz in ihren bisherigen Positionen für überflüssig erklärt wurden. Und die sich lieber in politische oder koloniale Abenteuer stürzten, als sich Versager nennen zu lassen oder gar proletarisch zu werden.

"Sie hatten sich nicht aus eigener Initiative aus der bürgerlichen Gesellschaft hinausbegeben, weil diese ihnen zu eng war, sondern waren ausgespien worden. Es war nicht die Unternehmungslust, die sie über alle erlaubten Grenzen lockte, sondern die Überflüssigkeit ihrer Existenz und ihrer Arbeitskraft."[22] Der koloniale Aben-

---

20 Hannah Arendt a.a.O., S. 366.

21 Ebd., S. 362.

22 Ebd., S. 311.

teurer und später der Naziaktivist sind daher "nicht einfach nur der Abfall der bürgerlichen Gesellschaft, sondern auch ihr Produkt, direkt von ihr erzeugt und daher nie ganz von ihr zu trennen." [23]

Deutschland, das durch seine rasante nachholende Industrialisierung besonders viele Überflüssige und überflüssiges Kapital produziert hatte, konnte beides nicht in ausreichendem Maße nach Übersee verfrachten. Der in Deutschland besonders kleinbürgerliche Mob ist begeisterter Alldeutscher, begeisterter Kriegsteilnehmer, dann völkischer Nationalist und früh Nazi. Er radikalisiert sich mit seinem eigenen Mißerfolg. Die arbeitslos gewordenen Militärs werden als Freikorps dann Kristallisationspunkt der Faschisierung. Da beim Kolonisierungsversuch unterlegen, verschmelzen sie in ihrer imperialistischen Politik koloniale Despotie[24] und Inlandspolitik und adaptieren früh den völkischen Nationalismus.

Mit der vor allem auch die Kleinbürger nochmals prekarisierenden Weltwirtschaftskrise wird dieses Konzept dann mehrheitsfähig. Als in Deutschland die Grundlage kapitalistischen Handelns wirklich zur Disposition stand, suchte dieses Land sein Heil im Raubmord, und ließ sich dabei von Abenteurern führen, die schon vorher von der Bourgeoisie mit der Besitzstandswahrung beauftragt worden waren.

Das einzige was die Komplizen dabei verbindet ist die imaginäre Volksseele, und die nimmt dann durch die soziale Exklusion materielle Gestalt an. Dieses eigentümliche Verhältnis von Wahn und Ratio im Nationalsozialismus ergibt sich also an der Oberfläche aus der Kombination eines imperialistischen Konzepts mit dem völkischen Nationalismus. Seine tiefere Basis liegt in der Unmöglichkeit auf der bisherigen Grundlage die Verwertung des Werts fortzusetzen.

---

23 Ebd., S. 251.

24 Anm.: Die nationalsozialistischen Apparate sind somit als die Vollendung der despotischen imperialen Bürokratie zu sehen; sie werden je nach Aneignungs- und Herrschaftsinteressen ständig umorganisiert.

g. Das ökonomisch/ politische Konzept[25]

Das ökonomisch/ politische Herrschaftskonzept des Faschismus besteht in einem korporativen Staat, mittels dessen das imperialistisch gesinnte Großkapital im Bündnis mit Kleinbürgern (oder einer kleinbürgerlichen Bewegung) und verbliebenen Großagrariern eine direkte und unvermittelte Herrschaft ausüben und so eine regulierte kapitalistische Ökonomie (samt Zwangsarbeit) steuern, die in Kriegszeiten zu einer kapitalistischen Planwirtschaft ausgebaut wird.

Die direkte und unvermittelte Herrschaft wird dann immer als Notstandsregime zur Abwehr einer existentiellen Bedrohung ausgegeben. Im Innern gilt Positions- und Profitschutz für die Unterstützer bei Ausschaltung feindseliger und bedeutender ausländischer Fraktionen. Unter Ausschaltung des Konkurrenzprinzips soll also der gegenwärtige Entwicklungsstand konserviert (oder eine gerade stattgefundene Prekarisierung revidiert) werden, was auch besonders die vielen Kleinbürger und Bauern begeistert. Dazu notwendig ist ein verschärfter Klassenkampf von oben; erste Maßnahme eines faschistischen Regimes ist somit die offen terroristische Verfolgung *jeder* eigenständigen Arbeiterbewegung - mittels eines expandierenden Repressionsapparates - als Grundvoraussetzung des korporativen Prinzips. Das der normalen (= nichtfaschistischen) kapitalistischen Entwicklung widersprechende Bündnis von Kapital und Kleinbürgern verlangt notwendig nach einem gemeinsamen Ziel, einem gemeinsamen Nenner (auch innerhalb der Bündnisfraktionen), einer gemeinsamen Strategie zum Ausgleich der konkurrierenden Interessen; eben dem Imperialismus als dem eigentlichen Zweck des Faschismus.

Am italienischen Beispiel kann verdeutlicht werden, wie sich ein aggressiver Nationalismus mit einem kolonialen Rassismus verbindet, dies jedoch nicht zur Selektion der Inlandsbevölkerung führt. Dieser Faschismus läßt "nur" seine erklärten Gegner umbringen.

Anders dagegen der deutsche Faschismus mit seiner völkisch "legitimierten" Selektion der Inlandsbevölkerung, dort erfolgt die Inkorporation dann auch nicht in einen Staat, sondern in eine völkische Bewegung. Keine "Deutsche Bauernschaft" wurde gegründet, sondern eine "NS- Bauernschaft", keine "Deutsche Frauenschaft", sondern eine "NS- Frauenschaft". So wird der Abschied von jeglichem Legalitätsprinzip und der radikale Ausschlußcharakter

---

25 Dieser Abschnitt beschreibt die Schlußfolgerungen aus dem Vergleich der phänomenologischen Darstellung Hannah Arendts mit mit moderneren (bündnistheoretischen) Faschismusanalysen.
Vgl. Reinhard Kühnl: "Faschismustheorien - Ein Leitfaden", Marburg 1990 (Neuauflage), S. 183 - S. 231.

allen verdeutlicht und umfassende Komplizität (über die unmittelbaren Arisierungsgewinnler hinaus) hergestellt.

Im Nationalsozialismus kommt es also zu einer funktionalen Arbeitsteilung der ihn tragenden Bündnispartner:

Kleinbürgerliche Hoffnung ist die auf Beteiligung an Arisierungen. Die imperialistische Strategie wird von den konkurrierenden Fraktionen des Großkapitals (nichtöffentlich) in imperialistischen Bürokratien (vor allem die Vierjahresplanbehörde, siehe dazu Kap. 6 des Hauptteils) ausgehandelt. Die Entwicklung zur Despotie ist unaufhaltsam; Terror und Geltungsanspruch gehen Hand in Hand.

Der Nationalsozialismus wird in dieser Arbeit also als ein besonderer Faschismus, eben als ein neues, radikalisiertes, völkisches, kontinentalimperialistisches Konzept *mit Massenbasis* aufgefaßt.

> "Für uns, die wir noch die vielfältige Bezogenheit zwischen Rassewahn und Bürokratie in der Naziherrschaft vor Augen haben, ist es wichtig, zu sehen, daß sich in der eigentlich imperialistischen Periode diese beiden Prinzipien entwickeln."[26]

Und die Barbarei beginnt bereits, wenn in "higher and lower breeds" eingeteilt wird, ihren singulären nazistischen Wahn findet sie allerdings erst, wenn nicht einige imperialistische Abenteurer, sondern wirklich Massen aktiv an der Exekutierung einer solchen Politik beteiligt ist.

---

26 Hannah Arendt a.a.O., S. 306.

Raumplanung als wissenschaftliche Disziplin im Nationalsozialismus

1. Definition

Bei einer derart jungen Disziplin (knapp 80 Jahre) interessiert nicht die Selbsteinschätzung der damals Beteiligten, sondern die Einschätzung aus der Sicht der heute entwickelten Disziplin, daher wird als Raumplaner eingeschätzt, wer raumplanerisch argumentiert:

> "Raumplanung ist die Gesamtheit aller zur Erarbeitung, Aufstellung und Durchsetzung der erstrebten strukturräumlichen Ordnung eingesetzten planerischen Mittel."[27]

Die heute über sich selbst aufgeklärte Disziplin kennt auch ihren Bezug zur Politik:

> "Das aufzustellende Zielsystem (der Raumplan, M.B.) wird davon auszugehen haben, daß Ordnung und Entwicklung des Raumes nicht Selbstzweck sind, sondern ein Mittel und untrennbarer Bestandteil der Gesellschaftspolitik."[28]

Raumplanung greift also über die Gestaltung (Siedlung, Arbeitsplatz, Bildungseinrichtungen, Erholungsmöglichkeiten etc.) immer in die alltägliche Ausformung der das menschliche Leben bestimmenden sozialen Beziehungen ein.

Daher kann "Raumplanung als wissenschaftliche Disziplin im Nationalsozialismus" nur sinnvoll durch die Darstellung ihrer Funktion und Wirkung beschrieben werden

Raumplaner ist, wer Gesellschaft (in all ihren Bereichen), Ökonomie, Ökologie, Siedlungsstruktur und Geographie - mit dem klar festgelegten Ziel der Planung - in ihrem funktionalen Zusammenhang untersucht, aus solchen Untersuchungen Strukturplanungen ableitet, oder diese durchsetzt.[29]

Dabei ist die Trennung von Raumforschung und Raumplanung artifiziell, denn die Begriffe Raumforschung (als Vorstufe), Landesplanung, Regional-

---

27 Gottfried Müller: "Raumplanung", in: Akademie für Raumforschung und Landesplanung (HG): "Handwörterbuch der Raumforschung und Raumordnung", Hannover 1970, S. 2542 - S. 2553, S. 2542f.

28 Ebd., S. 2545.

29 Vgl. Josef Umlauf: "Wesen und Organisation der Raumordnung", Essen 1958, S. 7ff.

planung, Generalsiedlungsplanung etc. bezeichnen Entwicklungsstufen hin zur heute umfassenden Disziplin, eben der Raumplanung.

„Beim ersten Blick auf die Arbeiten der Planungswissenschaften könnte es fast scheinen, als ob hier nur die organisatorische Zusammenfassung von wissenschaftlichen Arbeiten vorgenommen wurde, und zwar von Arbeiten, die schon von je her durchgeführt worden sind. Diese Auffassung wäre richtig, wenn man ausschließlich den Gegenstand der wissenschaftlichen Forschung für entscheidend halten würde.(...)

Wenn nun jetzt die Planungswissenschaft mit der Forderung hervortritt, ein neues Arbeitsgebiet in Angriff zu nehmen, so ist der Gegenstand der Planungswissenschaft im allgemeinen nicht neu. Wohl aber sind neu die Fragestellung und die Ausrichtung, auch die Wahl des Ausgangspunktes und das Ziel der Forschung."[30]

Ihre Fragestellung, Ausrichtung und Zielsetzung bezog die frühe Raumplanung aus den unmittelbaren Notwendigkeiten und Problemen der fortschreitenden Industrialisierung, der damit einhergehenden Veränderungen in der ländlichen Besitz- und Produktionsstruktur und allen daraus resultierenden Problemen der räumlichen Verteilung. Generell ist die Entstehung der Raumplanung ein untrügerisches Zeichen für die räumlich vollständige Durchkapitalisierung einer Region.

2. Frühgeschichte der Raumplanung

2.1. Die Entstehung der Raumplanung in den USA

Die ersten *überregionalen* Untersuchungen und daraus abgeleiteten Planungen mit *effektiven Siedlungsprojekten* in ihrem Gefolge wurden in den USA in Angriff genommen.

Aktueller Anlaß war dort die Agrarkrise von 1920/21 vor allem in den völlig verarmten Staaten des amerikanischen Südostens. Bereits zu Beginn der zwanziger Jahre wurde die systematische Erfassung sowohl inter- als auch intraregionaler Wanderungsbewegungen durchgeführt; durchgehende wasserwirtschaftliche Kartierung, Bodenschatzerfassung und Elektrifizierungsstatistik folgten.

Und schon 1925 wurde im Tennesseetal (Tennessee) an der Grenze zum Bundesstaat Alabahma - und unter Einschluß diesem zugehöriger Gebiete - eine erste Ansiedlungsmaßnahme für kleinere und mittlere Industriebetriebe

---

30 Wilhelm Bechtel: "Verfahrensweisen", in: Raumforschung und Raumordnung 1/1936 S. 25 - S. 27, S. 25.

geplant und später durchgeführt.[31] Zeitgleich wurden die notwendigen gesetzlichen Regelungen erlassen.

„So sehen wir heute allgemein in Europa erst Ansätze für die Gedanken, an deren Verwirklichung man in Deutschland schon intensiv arbeitet. Ungleich weiter fortgeschritten aber ist der Gedanke der Raumordnung bereits in den Vereinigten Staaten von Amerika, wo er bereits eine Verwirklichung erfahren hat, die eine Gegenüberstellung mit den deutschen Verhältnissen durchaus ermöglicht. (...)

Diese Tatsache wirkt bei der bekannten Geisteshaltung der Amerikaner in politischen Dingen vielleicht verblüffend, aber die wirtschaftlichen Gegenwartsgegebenheiten erzwingen hier Lösungen, die nur unter stärkster Einschaltung staatlicher Autorität (Gründung des National Ressources Board und Zusammenarbeit der State Planning Boards mit den Ministerialabteilungen der Bundesverwaltung. M.B.) möglich waren, wenn auch die praktische Durchführung in einer Form erfolgte, die sich der liberalen Auffassungen des Amerikaners anpaßte (Bodenpreissubvention etc, Freiwilligkeitsprinzip, siehe unten M.B.) und daher Wege gehen mußte, die von den deutschen Maßnahmen grundlegend abwichen. (...)

Der Weg zu einer bundeseinheitlichen Raumplanung ging, wie überall auf der Welt, auch in den Vereinigten Staaten von der kommunalen Städtebauplanung über die zwischengemeindliche Planung und die einzelstaatliche Landesplanung."[32]

Die Raumplanung in den USA entwickelte sich also aus den gleichen Notwendigkeiten ("wirtschaftliche Gegenwartsgegebenheiten erzwingen" die Raumplanung) wie - was im nächsten Abschnitt noch gezeigt wird - hierzu-

---

31 Vgl. Bruno Wehner: "Der Stand der nordamerikanischen Planungen", in: Raumforschung und Raumordnung 1/1936, S. 36 - S. 44, S. 36ff.
    Vgl. Günter Schmölders: "Probleme der Raumordnung in den USA" in: Raumforschung und Raumordnung 1/1936, S 29 - S. 36, S. 29ff., S. 34:
    "Neben diesem Musterbeispiel der Raumordnung im Tennesseetal auf der Grundlage wissenschaftlicher Raumforschungsarbeit findet der Gedanke der Raumordnung und Landesplanung sowohl in den einzelnen Ressorts der Bundesregierung, wie auch innerhalb der regionalen Selbstverwaltungskörperschaften lebhaften Widerhall."

32 Bruno Wehner: "Der Stand der nordamerikanischen Planungen", in: Raumforschung und Raumordnung 1/1936, S. 36 - 44, S. 37f.

lande und fand sogar völlig unabhängig davon vergleichbare Organisationsformen wie für die frühe hiesige Raumplanung. Motor dieser Entwicklung waren in den USA - neben den lokalen und regionalen Verwaltungen - vor allem die Elektrizitätsunternehmen.[33]

Wurden neben den üblichen Verkehrswege- Flächen- und Versorgungstrassenplanungen auch Siedlungsmaßnahmen oder ähnliches projektiert, so bestanden die Methoden hauptsächlich im Landkauf, der verbilligten auflagengebundenen Abgabe desselben und punktuellen Subventionen insbesondere der Energiepreise.[34]

Mit der Wahl Roosevelts und der darauffolgenden Politik des New Deal wurde die Raumplanung in den USA Teil eben dieser Politik, bei der die oben genannten Organisationen mit den Koordinatoren der Arbeitsbeschaffungsmaßnahmen der Federal Emergency Administration of Public Works kooperierten.[35]

Die frühe Entwicklung der amerikanischen Raumplanung wird von den hiesigen Forschern nur rudimentär reflektiert, ihr Entwicklungsvorsprung ist in den Veröffentlichungen schlicht nicht zu finden.[36]

Dieser Abschnitt findet sich hier in der Arbeit, um im Vergleich zum Abs. 2.2. über die Entstehung der deutschen Raumplanung, zu zeigen, daß Raumplanung als wissenschaftliche Disziplin ihren Ursprung in den Problemen der räumlichen Verteilung bei fortschreitender Industrialisierung hat und nicht auf ein bestimmtes Land beschränkt ist.

---

33 Vgl. Günter Schmölders a.a.O., S. 29ff.

34 Vgl. Günter Schmölders a.a.O., S. 32.
    Anm.: Der Autor erwähnt an dieser Stelle auch die sich hin und wieder ergebenden Konflikte zwischen Energiekonzernen und öffentlicher Hand.

35 Vgl. Günter Schmölders: "Deutsche und amerikanische Raumplanung - Ein Vergleich ihrer Vorraussetzungen und Methoden", in: Raumforschung und Raumordnung 8/1938 S. 371 - S. 374, S. 371f.

36 Anm.: Sowohl in den Veröffentlichungen des Duos Götz Aly/ Susanne Heim, als auch den Veröffentlichungen von Mechtild Rössler (bei deutschen Historikern sowieso) fehlt der Vergleich mit den amerikanischen Raumplanungen gänzlich. Siehe dazu auch Kap. 7.

2.2. Die Entstehung der Raumplanung in Deutschland[37]

In dem Jahrzehnt von 1910 bis 1920 entstand in Deutschland die Idee einer "Generalsiedlungsplanung" aus der Notwendigkeit, in großen Industrieagglomerationen die schon seit der Gründerzeit entwickelte Stadtplanung mit ihren kommunal begrenzten Bebauungs- und Flächennutzungsplänen über die kommunalen Grenzen hinaus zu koordinieren.

Das Initial war dabei die Aufstellung eines Flächennutzungsplans für den Großraum Berlin (1912); ihm folgte 1920 der Generalsiedlungsplan des neugegründeten Siedlungsverbandes Ruhrkohlenbezirk, in dem erstmals die Gesamtheit aller ökonomischen und sozialen Funktionen in Bezug zur räumlichen Anordnung Ausgangspunkt der Planungen war. Dies war also der erste Raumplan in Deutschland im modernen Sinne.

"Im Laufe der 20er Jahre entstanden dann zahlreiche weitere regionale Planungsstellen, die wie in einer Versuchsreihe unter den verschiedensten Vorraussetzungen, in Ballungsräumen und in ländlichen Gebieten, in grenzüberschreitenden Regionen und in den Grenzen von Verwaltungsbezirken die Möglichkeiten und die Erfordernisse der regionalen Planungen erkundeten und erprobten."[38]

Der wegen seines Planungsumfangs wichtigste war der Siedlungsverband Ruhrkohlenbezirk. Dieser hatte als erster auch eine gesetzliche Grundlage und eine klar festgelegte Organisations- und Entscheidungsstruktur. In den Beschlußorganen des Verbandes stellten die Städte und Landkreise die Hälfte der Mitglieder. Die andere Hälfte teilten sich Kapital- und Gewerkschaftsfunktionäre. Die Planungen dieses Verbandes waren der verbindliche Rahmen für die beteiligten Gemeinden. Eingedenk des Einflusses insbesondere der Stahlindustrie und des Bergbaus auf die lokale Politik, hob also dieser Siedlungsverband die infrastrukturellen Wünsche der ansässigen Industrie auf ein ansatzweise wissenschaftliches planerisches Niveau unter Einbeziehung einiger sozialtechnokratischer Rücksichtnahmen zur Erhaltung der ortsansässigen Arbeitskraft. (Dies also ist der reale Zweck der Raumplanung.)

---

37 Vgl. Josef Umlauf: "Zur Entwicklungsgeschichte der Landesplanung und Raumordnung", Hannover 1986, S. 5ff.
    Anm.: Dessen Darstellungen wurde für diesen Zeitabschnitt im wesentlichen übernommen, für die eigentliche nationalsozialistische Zeit ist er aber als Chronist völlig unbrauchbar (siehe dazu auch Kap. 7.).

38 Ebd., S. 1.

"Die Abgrenzung des Verbandsgebietes erfolgte mit dem Ziel, einen durch gemeinsame Probleme und Interessen verbundenen Planungsraum zu schaffen. Er erstreckte sich über Teile von drei Regierungsbezirken und zwei Provinzen. Nach dem gleichen Grundsatz wurden auch die Planungsräume der meisten anderen Regionalplanungen in Ballungsgebieten (insbesondere für das oberschlesische Industriegebiet, M.B.) unabhängig von den Verwaltungsgrenzen festgelegt. Zugleich verbreitete sich die Regionalplanung auch außerhalb der Ballungsgebiete."[39]

Wurden die Planungen und die Entwicklung dieser Disziplin bisher von den Kommunalverwaltungen[40] und von industrienahen Stiftungen und Brain-Trusts (insbesondere der Dr. Oetker Stiftung und verschiedenen Wirtschaftsförderungsvereinen) getragen und forciert, so ist seit Mitte der zwanziger Jahren ein deutlich zunehmendes staatliches Interesse zu erkennen, diese unterschiedlichen Planungsansätze in einer reichseinheitlichen Regelung zusammenzufassen.[41]

Die infrastrukturellen Wünsche insbesondere der Großindustrie korrespondierten hier mit dem staatlichen Ordnungswunsch, da der geschäftsführende Ausschuß (Staat) allgemeine Verbesserungen der Produktionsbedingungen anstreben muß.

Bis zu ihrer Koordination im Reichsstädtebaugesetz (das eigentlich einen falschen Namen trägt, da es flächendeckend regulieren sollte), dauerte es aber noch bis 1931. Nach der Machtübertragung an die Nationalsozialisten werden das Wohnsiedlungsgesetz (1933) und das Siedlungsordnungsgesetz (1934) erlassen, welche noch von den bisherigen Protagonisten (den regionalen Planungsverbänden und ihrer planenden Intelligenz) vorbereitet worden waren und bei den Nazis - insbesondere beim Reichsminister für Ernährung und Landwirtschaft, Walter Darré - auf zunehmendes Interesse stieß, weil (neben der allgemeinen Verbesserung der Produktionsbedingungen) der

---

39 Ebd., S.5.

40 Anm.: Ein einheitliches Berufsbild gab es damals noch nicht. An der Raumplanung Interessierte kamen aus den Kommunalverwaltungen, den Wirtschaftswissenschaften, der Geographie, den Agrarwissenschaften und vielen weiteren Bereichen.

41 Vgl. Josef Umlauf a.a.O., S. 4.
Vgl. Prof. Dr. Ekkehard Buchhofer: Einführungsvortrag im Sommersemester 1995 zum Oberseminar "Deutsche Raumordnungspolitik 1935 - 1965 am Fachbereich Geographie. Unveröffentlicht, Marburg 1995: Für den Ruhrkohlenbezirk waren die lokalen Wirtschaftsförderungsvereine (Rheinischer Wirtschaftsförderungsverein etc.) sehr wichtig.

Landbedarf für die neue Wehrmacht, die Rüstungsindustrie und die Autobahnen mit den faschistischen Ordnungsvorstellungen koordiniert werden mußten und das alte preußische Verwaltungsmodell (da es zwar Verwaltung und Steuerung, aber eben nicht komplexe Planung ermöglichte) dazu nicht mehr in der Lage war.[42]

Nach einigem organisatorischem Chaos wurde per Erlaß 1935 die Reichsstelle für Raumordnung gegründet und direkt der Reichskanzlei unterstellt.[43]

Alle bisherigen Planungsorganisationen wurden nach staatlichen Verwaltungsgrenzen neu aufgeteilt und zur Vereinheitlichung der Reichsstelle untergeordnet. Raumplanung wurde Hoheitsfunktion. (Und die Gewerkschaftsvertreter waren auch verschwunden.)

Die Institutionalisierung der Raumplanung begann also mit der Gründung einzelner, an regionalen Problemen und regionalen Interessen orientierter Planungsverbände und der anschließenden Ausweitung dieses neuen Planungsprinzips durch die Vorbildwirkung dieser Verbände. Eben diese Vorbildwirkung im Lösungsansatz bei der Bewältigung aktueller Probleme war dann auch der Grund für die Gründung einer gesamtstaatlichen Institution, die die weitestgehende Auflösung der bisherigen Planungsverbände mit sich brachte.[44]

Die gesamtstaatliche Raumplanung mit der Reichsstelle für Raumordnung hat also die gesamtstaatliche Kontrolle und dadurch die gesamtstaatliche Regulation infrastruktureller Interessen etabliert (deshalb das Interesse des Ministers Darré, deshalb die direkte Unterstellung unter die Reichskanzlei).

"Aufgabe der (...) 1935 gegründeten Reichsstelle für Raumordnung war die Aufstellung eines Raum- und Flächenordnungsplans für das gesamte Reich, aus dem die Verteilung von Industriestätten und Siedlungsgebieten hervorgehen sollte." [45]

---

42 Josef Umlauf a.a.O., S. 4.

43 Anm.: Gleichzeitig wurde eine kleine parteieigene Institution, die Akademie für Landesforschung und Reichsplanung, offensichtlich zur Kontrolle der Reichstelle durch die Partei gegründet. Vgl.Dieter Münk: "Die Organisation des Raumes im Nationalsozialismus - eine soziologische Untersuchung ideologisch fundierter Leitbilder in Architektur, Städtebau und Raumplanung", Bonn 1993, S. 414.

44 Vgl. Josef Umlauf a.a.O., S. 7.

45 Elke Pahl- Weber: "Die Reichsstelle für Raumordnung und die Ostplanung", in: Mechtild Rössler/ Sabine Schleiermacher (HG): "Der 'Generalplan Ost' - Hauptlinien der nationalsozialistischen Planungs- und Vernichtungspolitik", Berlin 1993, S. 148 - S. 152, S. 148f.

„Die technische und zivilisatorische Entwicklung des letzten Jahrhunderts, begleitet von einem ungeheuren Volkswachstum, hatte zur Folge, daß die Verteilung der Menschen im deutschen Raum einen unorganischen, gefahrdrohenden Verlauf nahm. (...) In den früh industrialisierten Gebieten wurde die ungeheure Gleichgewichtsverlagerung im deutschen Volkskörper am brennendsten fühlbar. So entstanden in diesen Gebieten die ersten Ansätze zu einer planvollen Lenkung der Raumnutzung, die infolge des Zusammenwachsens industrieller und ländlicher Gemeinden zu einer kommunalpolitischen Notwendigkeit geworden war.

Es handelte sich dabei um einen gewissen örtlichen Ausgleich, das Aufstellen von Fluchtlinien- und Bebauungsplänen, die Linienführung von Verkehrswegen, Erhaltung von Grünflächen, oft diktiert vom Abbauprogramm der Kohle usw. Diese Planungen gingen aber über die Grenzen des Bezirks nicht hinaus (Falsch, sie gingen sogar über Provinzgrenzen hinaus. d. A.).

Im Ruhrkohlebezirk, im mitteldeutschen Revier, in Oberschlesien, in Hamburg entstanden in der Nachkriegszeit die ersten Landesplanungsverbände, an deren Arbeit neben den kommunalen Behörden auch schon verschiedene staatliche Stellen beteiligt waren[46]*. Wenngleich auch in diesen Planungsverbänden wertvolle Aufbauarbeit geleistet wurde, und es nicht an Stimmen fehlte, die, aus der Erkenntnis der Notwendigkeit des Abstimmens der einzelnen Gebietsplanung mit dem Ganzen, eine Reichsplanung forderten, so wurde von den Regierungen der Nachkriegszeit die Bedeutung dieser Ansätze für die Gesamtheit nicht erkannt.*

Das änderte sich von dem Augenblick an, als die organische Staatsidee des Nationalsozialismus politische Wirklichkeit erhielt."[47]

Die Tatsache, daß die Hoheitsfunktion Raumplanung in Deutschland erst im Nationalsozialismus begann, hat manche Kritiker (insbesondere Münk und Rössler, siehe dazu auch Kap. 7) zu der Annahme veranlaßt, sie sei eine genuine Erfindung des Nationalsozialismus, oder doch zumindestens eine Disziplin, die nur unter solchen Bedingungen wirklich eingesetzt und angewandt

---

46 Anm.: Zudem waren in diesen Planungsverbänden "paritätisch" Kapital- und Gewerkschaftsvertreter vertreten, was der Autor verschweigt.

47 W. H. Blöcker: "Raumordnung", in: Raumforschung und Raumordnung 1/1936, S 5 - S. 8, S. 5.

werden konnte.[48] Fakt aber ist und bleibt, daß die ersten funktionstüchtigen Planungsverbände von Industrie und Kommunalverwaltung in den Ballungszentren gegründet wurden.

Da liegt der Verdacht nahe, daß diese Kritiker Quellen wie die oben zitierte einfach überbewerten. Diese von NS- Funktionären gebetsmühlenartig wiederholten Formulierungen von der "organischen Volksentwicklung" sind eben als die völkische Variante der korporativen Staatsidee - eben als die aktuelle gesellschaftspolitische Zielvorstellung - zu werten und finden ihre Übersetzung in den entsprechenden Schlagworten ("der Planung des organischen Volksganzen") bei den Raumplanern. Nachdem der Etablierung der Raumplanung als Hoheitsfunktion (1935) wurde der Rahmen für die Einbindung der Raumplanung in den Nationalsozialismus abgesteckt:

"Die politischen Ziele der Raumordnung müssen aus dem Wesen und der Weltanschauung des den Raum beherrschenden Volkes gefunden werden. Jedes Volk prägt dem in Besitz genommenen Raum seinen eignen Stempel auf. Zwar werden die natürlichen Gegebenheiten die Gestaltung der Landschaft beeinflussen, aber immer wird ein Volk nach Veranlagung und rassischer Haltung den Raum verschieden aufbauen. (...) (völkischer Nationalismus, M.B.)

Indes, nicht nur jede Rasse löst die Aufgabe der Verbindung von Natur und Menschenwerk verschieden, auch dasselbe Volk hat immer, je nach der bei ihm vorherrschenden Weltanschauung, eine andere Einstellung. In der liberalen Zeit war ausgeklügelt Zweckmäßigkeit und privater Vorteil allein ausschlaggebend; bolschewistische Menschen wollen unter Vernichtung überkommener Grundlagen nach einem zentral aufgestellten Plan alles neu aufbauen ohne Rücksichtnahme auf natürliche Vorbedingungen und völkische Interessen (politische Abgrenzung, M.B.). Nicht nur eine artgemäße Raumordnung wird deshalb der deutsche Staat als sein Ziel hinstellen, vielmehr wird er heute eine nationalsozialistische Ordnung des deutschen Raumes fordern. (...)

---

48 Vgl. Dieter Münk a.a.O., S.14:
"(...) nicht ohne Grund ist die Disziplin der Raumforschung und -planung schließlich erst im Kontext des Dritten Reiches entstanden."
Dies ist - wie gezeigt - eindeutig falsch.
Vgl. Mechtild Rössler: "Die Institutionalisierung einer neuen Wissenschaft im Nationalsozialismus - Raumforschung und Raumordnung 1935 - 1945", in: Geographische Zeitschrift 75, 1987, S. 177 - S. 194.

> *Der Nationalsozialismus wertet alle staatlichen Maßnahmen danach, ob sie dem deutschen Volk in seiner Lebenskraft und in seinem Bestand als Volkskörper Nutzen bringen. (....)*
> *Die Völker befinden sich in einem dauernden Zustand des Messens ihrer Kräfte. Jedes Volk muß sich deshalb stets in bester Form zu halten versuchen, was für das deutsche Volk eine Berücksichtigung der Wehrkraft und Landesverteidigung bei allen planerischen Entschlüssen bedeutet. (Andeutung des kontinentalen Imperialismus, M.B.) Die Raumordnung will also durch Steigerung der räumlichen und menschlichen Kräfte die Freiheit des völkischen Lebens nach außen und die Mehrung der Volkskraft nach innen sichern."*[49]

Hier wird nichts weiter deutlich, als daß die damaligen Raumplaner dem völkischen Nationalismus und dem kontinentalen Imperialismus dienlich sein sollten und wollten und kein aus ihrer Wissenschaft abgeleiteter Grundsatz sie daran hinderte, wenn der "Rasse" und dem "Volk" alles dienstbar gemacht wurde.

Eingedenk der Tatsache, daß nicht einmal mehr z.B. die Mediziner sich an ihre alten Grundsätze (und die hatten wenigstens schon altbekannte) gebunden fühlten, spiegelt sich darin also nur die damalige deutsche Normalität der deutschen Intelligenz. Kennzeichnend ist dabei doch vielmehr deren Dienstbarkeit überhaupt. Knapp ein Jahr nach der Gründung der Reichstelle für Raumordnung konnte dann ein Raumplaner über ein politisches Thema, das eigentlich gar nicht in den Bereich der für Raumplaner interessanten Themen fällt solches schreiben:

> „In welchem Umfang die deutsche Wissenschaft von artfremden Einflüssen überwuchert war und sich vom volksmäßigen entfernt hatte, ist erst nach dem 30. Januar 1933 in vollem Umfang bewußt geworden. Allein 600 Hochschullehrer mußten aufgrund des Gesetzes zur Wiederherstellung des Berufsbeamtentums verabschiedet oder entlassen werden. Das ist jeder 8. bis 9. Dozent. Hieraus ergibt sich noch lange nicht das volle Ausmaß der früheren Verjudung unseres Wissenschaftsbetriebs. (...)*
>
> *Die Richtung unserer Wissenschaft muß zum Volk hinführen. Wissenschaft soll wieder das Sinnesorgan des Volkes werden, da sie von der Unendlichkeit des Volkstums in seinem Werden und Wachsen lebt. (...)*

---

49 Ernst Jarmer: "Politische Zielsetzung und weltanschauliche Abgrenzung der Raumordung" in: Raumforschung und Raumordnung 1/ 1936, S. 8 - S. 10, S. 8f.

Im Dienst am Volk und im Dienst an der eigenen Art dieses Volkes erfüllt sich der Lebenssinn der Wissenschaft. Daher kann es zukünftig keine selbständige eigene Wissenschaft mehr geben, sondern nur eine Gesamtwissenschaft vom völkischen Leben."[50]

Über jüdische Raumplaner (ob es überhaupt welche gab; wenn ja, was aus ihnen wurde) ist rein gar nichts bekannt. Im März 1936 beschrieb ein Raumplaner in einer für ihn zuständigen Fachzeitschrift[51] eine rassistische Aggression, die mit seiner Disziplin nichts zu tun hat, eben die gewünschte und durch die "Entjudung" in Angriff genommene Inkorporation jeglicher Wissenschaft in den Nationalsozialismus. Dieser Autor zeigte also einen Formierungsprozeß der Gesellschaft, der so umfassend war, daß er bis in Spezialistenzeitschriften vordrang.

3. Der Entwicklungsstrang der "ursprünglichen" Raumplanung

Bereits 1925 wurde im US- Bundesstaat Tennessee die erste operative, strukturverändernde Maßnahme geplant (siehe Abs. 2.1.). Eine solche Maßnahme ging über das, was z.B. der Siedlungsverband Ruhrkohlenbezirk leisten konnte, wollte und geleistet hat, weit hinaus. Dieser Verband verfolgte schon sehr wohl eine umfassende Entwicklungskoordination (festgehalten im Generalsiedlungsplan) mit dem Ziel einer im Voraus geplanten strukturräumlichen Ordnung; zu einer operativen Maßnahme hatte er aber noch kein Instrumentarium entwickelt.

Der Entwicklungsschritt hin zu umfassenden strukturräumlichen Veränderungen soll Thema dieses Kapitels sein. Es soll hier also nach dem kennzeichnenden Pendant zum Projekt im amerikanischen Tennesseetal gesucht werden. Dabei soll nicht unerwähnt bleiben, daß die Hauptarbeit der beteiligten Forscher und Planer in der Erstellung planungsbezogener Empirie, ebensolcher Karten und weiterhin in der Entwicklung bekannter Flächenpläne bestand. Kennzeichen solcher Arbeiten ist dabei immer (bis heute und überall) die enorme Diskrepanz zwischen dem umfassenden Planungsanspruch und der häufig genug planlosen, ökonomisch motivierten, realen Entwicklung.

Die nationalsozialistischen Inlandsplanungen sind - wie das Gesamtthema - eben bisher nicht durchgehend untersucht, ein systematischer Vergleich mit den heutigen oder den amerikanischen Planungen steht bis heute aus und wird wahrscheinlich nie erstellt werden. Die Geschichtsschreibung der heutigen Planungsinstitute schreibt eben überwiegend Institutsgeschichte (siehe

---

50 Frank Glatzel: "Das Bauerntum als Stoßtrupp nationalsozialistischer Raumplanung", in: Raumforschung und Raumordnung 3/1936, S. 119 - S. 126, S. 122.

51 Anm.: Siehe dazu Kap. 6. Dort wird die Entstehung dieser Zeitschrift erläutert.

dazu die entsprechenden Abschnitte in Kap. 7). Daher kann auch in diesem Abschnitt nur versucht werden, die betreffende Entwicklung anhand ausgewählter Beispiele darzustellen.

Die Auswahl erfolgte für eins dieser Beispiele aufgrund ihrer Bedeutung für den allgemeinen historischen Diskurs: der Bau der Autobahnen. Ein weiteres Beispiel - der Dr. Helmuth- Plan - wurde ausgewählt, da dieser Plan als Musterprojekt eine besondere Beachtung bei allen an der Disziplin Interessierten fand, eben weil er der erste umfassende genaue Strukturplan von erheblicher Größe war.

Es werden also die Ergebnisse der Raumplanung des beschriebenen Entwicklungsstrangs ausgewählt, die innerhalb oder außerhalb der Raumplanung besondere Beachtung fanden und finden.

3.1. Die Autobahnen

Die Idee einer Straße exklusiv für den Automobilverkehr ist - entgegen dessen Propaganda - keine Erfindung des NS- Regimes. Vielmehr konnte dieses Regime 1933 auf bereits vollständig ausgearbeitete Pläne für einige Städteverbindungen (Teilabschnitte) zurückgreifen und daher bereits im folgenden September mit den ersten Baumaßnahmen beginnen.[52]

In den 20er Jahren waren es vor allem die Baustoffindustrie und die Großen der Bauindustrie, die sich in verschiedenen wechselnden Verbänden zusammenschlossen um Pressure Groups zu Durchsetzung des Autobahnbaus aufzubauen und dazu frühzeitig den Kontakt zu staatlichen Stellen suchten. Die wichtigste war dazu die HAFRABA, eine bereits 1926 unter Federführung von Interessenverbänden der Bau- und Baustoffindustrie gegründeten Gesellschaft zur Vorbereitung der Autostraßen Hansestädte- Frankfurt- Basel.[53]

Diese frühen Planungen waren solche für Städteverbindungen zwischen den Wirtschaftszentren in Deutschland (und umfaßten zum geringen Teil auch

---

52 Vgl: Thomas Kunze/ Rainer Sommer: "Geschichte der Reichsautobahn", in: Rainer Stommer (HG): "Reichsautobahnen Pyramiden des Dritten Reiches", S. 22 - S. 49, S. 22.
Anm.: Autobahnen sind im übrigen auch keine deutsche, sondern eine italienische Erfindung. Die erste ihrer Art war die Verbindungsstrecke von Mailand zu den oberitalienischen Seen und wurde 1924 eingeweiht. Und gerade an dieser privatfinanzierten und somit mautpflichtigen Strecke zeigte sich die Problematik einer Industrieförderung durch diese Infrastrukturmaßnahme: sie war, wie weitere Projekte in Italien, defizitär, weshalb der Autobahnbau dort auch Mitte der 30er Jahre gänzlich eingestellt wurde.

53 Vgl. Karl Lärmer: "Autobahnbau in Deutschland 1933 - 1945", Berlin 1975, S. 19ff.

deren Anbindung an bestehende grenznahe Handelszentren im Ausland). So wurden Autobahnen für die Verbindungen Mannheim- Heidelberg, München- Leipzig- Berlin, Leipzig- Halle, Hamburg- Bremen- Frankfurt- Basel, Köln- Düsseldorf und die Verbindung Köln- Bonn geplant aber- einige Teilstücke um Köln herum ausgenommen - allesamt in der Weimarer Republik nicht gebaut.[54]

Alle diese Projekte, mit ihrer doch sehr deutlich überwiegenden Nord- Süd- Ausrichtung, liefen auf eine Substitution bestehender Verkehrsträger hinaus, denn für alle projektierten Strecken gab es bereits sehr gute Schiffahrts- und/oder Bahnverbindungen, weshalb außer den beteiligten unbedeutenden Kapitalen (einschließlich der damals noch unbedeutenden Automobilhersteller) und einer zwar größer werdenden, aber immer noch äußerst exklusiven (und deshalb vernachlässigbaren) Gruppe von Automobilbesitzern, niemand ein Interesse an Autobahnen hatte.

Dies änderte sich schlagartig mit der Krise der Eisen- Stahl- und Zementindustrie, alle Argumente gegen die Autobahnen - die vorher durchaus deutlich artikuliert wurden - waren hinfällig.[55]

So wurde schon von der Regierung Brüning ein staatliches Straßenbauprogramm mit Schwerpunkt Autostraßen projektiert, das in den politischen Wirren unterging.[56]

Trotz des vorher schon artikulierten und anhaltenden Widerstands der Reichsbahn wurde am 27. Juni 1933 das Gesetz über die Errichtung des Unternehmens Reichsautobahn erlassen und dieses Unternehmen mit den entsprechenden Baumaßnahmen beauftragt.[57] Diese Gesellschaft erhielt das Monopol auf den Fernstraßenbau, ein besonders drastisches Enteignungsrecht[58] und als Generalinspekteur (Fritz Todt) den ehemaligen Leiter

---

54 Vgl. Thomas Kunze/ Rainer Sommer a.a.O., S. 24.
55 Vgl. Karl Lärmer a.a.O., S. 27.
56 Vgl. Ebd., S. 28.
57 Vgl. Thomas Kunze/ Rainer Sommer a.a.O., S. 22.
58 Anm.: Die benötigten Flächen konnten sofort beschlagnahmt werden, das förmliche Enteignungsverfahren mußte dann erst innerhalb von sechs Monaten eingeleitet werden.
   Vgl. Thomas Kunze/ Rainer Sommer a.a.O., S. 27.

einer bayrischen Baufirma, der schon früher mit dem besonders aussichtslosen Projekt einer Autobahn von München zum Chiemsee hervorgetreten war.[59]

Der Autobahnbau sollte offiziell aus einer erhöhten Mineralölsteuer finanziert werden, die reale Finanzierung aus der dadurch praktisch geplünderten Arbeitslosenversicherung (also aus Lohnanteilen) wurde als Vorfinanzierung ausgegeben und als Arbeitsbeschaffungsmaßnahme mit entsprechenden Einsparungsmöglichkeiten begründet.[60]

Das NS- Regime umging damit die bei der Vergabe von Steuermitteln notwendig auftretenden Interessenkonflikte verschiedener Kapitalgruppen durch Beschlagnahme eines Lohnanteils.[61]

In gleicher Logik liegend, wurde ab 1940 beim Autobahnbau die Zwangsarbeit von Kriegsgefangenen und Juden eingesetzt, während in den 30ern noch die Streichung der Sozialleistungen als Zwangsmittel zur Akzeptanz der miserablen Bedingungen ausgereicht hatte.[62]

Die Planung der Streckenführung übernahm nach der gesetzlichen Fixierung die Gesellschaft zur Vorbereitung der Reichsautobahnen e.V., die am 18. 08. 1933 aus der HAFRABA hervorgegangen war. Die 1933 nun auch gesetzlich fixierten sechs Fernstraßenplanungen sahen allerdings einen gänzlich geänderten Streckenverlauf vor:[63]

1. Bremen- Hamburg- Hannover- Kassel- Frankfurt (Oder)
2. Tilsit- Stettin- Berlin- Hof- München

---

59 Vgl. Thomas Kunze/ Rainer Sommer a.a.O., S. 27.

60 Anm.: Eine Rechnung, die bekanntermaßen nicht aufgehen konnte, da selbst 1938, im Jahr des größten Beschäftigungseffekts, bei Bau und Zulieferung nie mehr als 250.000 Menschen beschäftigt waren. Vgl. Thomas Kunze/ Rainer Sommer a.a.O., S. 28.

61 Anm.: Nachdem die frühen Finanzierungsformen durch Fronarbeit nicht mehr ganz aktuell waren (oder schienen), wird Straßenbau, da Straßen zu den allgemeinen Produktionsbedingungen gehören, üblicherweise durch Steuern (Surplusprofit) finanziert, deren Verwendung Gegenstand heftiger politischer Auseinandersetzungen unter den Kapitalfraktionen ist. Die Plünderung der Arbeitslosenversicherung umgeht eben diese Auseinandersetzungen per Lohnraub.
2. Anm.: Der Autobahnbau war also kein fordistisches Deficit Spending im klassischen Sinne.

62 Vgl. Thomas Kunze/ Rainer Sommer a.a.O., S.29.

63 Vgl. Karl Lärmer a.a.O., S. 87ff.

3. Aachen- Köln- Magdeburg- Berlin
4. Saarbrücken- Frankfurt (Main)- Fulda- Erfurt- Dresden- Breslau- Beuthen
5. Saarbrücken- Stuttgart- München- Wien (optional)
6. Hamburg- Berlin- Breslau

Bereits im Herbst 1933 wurde mit dem Bau einiger Teilstrecken dieser Planungen begonnen und mit einer Teilstrecke die im Gesetz nicht ausdrücklich genannt wurde, mit der von Elbing zum damaligen Königsberg. Die Streckenplanung zeigte jetzt eine deutliche Ost- West- Ausrichtung, die Einbindung in die Militärplanung bildet sich hier klar ab, was von Hermann Göring schon im Februar 1933 als militärstrategische Maßnahme auch ausdrücklich formuliert wurde.[64]

Dazu gehörte selbstverständlich auch die durch den Autobahnbau gewünschte Ausweitung der Automobilproduktion zum Zwecke der Armeemotorisierung, also die anfangs verdeckte Aufrüstung.[65]

Die Gesellschaft zur Vorbereitung der Reichsautobahnen e.V. wurde 1936 in Gesellschaft zur Vorbereitung der Reichsplanung und Raumordnung e.V. umgetauft. Ein Jahr später wird auch die Mitarbeit der Raumplaner gesetzlich fixiert, dazu Rudolf Hoffman, ein Mitarbeiter von Fritz Todt:

"Die deutschen Reichsautobahnen, Sinnbild der deutschen Schaffensgemeinschaft und Reichseinheit, sind in vieler Weise bereits Wegbereiter einer neuen deutschen Raumordnung geworden. Die Planung des Netzes war die erste große raumordnerische Tat, die im Dritten Reich geschah, und die Gestaltung des großen Gefüges in den Einzelheiten, die laufende Anpassung an das in wesentlichen Zügen noch ständig der gestaltenden und aufbauenden Arbeit unterworfene deutsche Raumbild bedarf nach wie vor der einmütigen Gemeinschaftsarbeit aller Beteiligten.

Durch zwei Erlasse des Leiters der Reichsstelle für Raumordnung an die Landesplanungsbehörden und des Generalinspektors für das deutsche Straßenwesen an die Direktion der Reichsautobahnen und die Straßenbaubehörden vom 2. August 1937 ist dafür Sorge getragen worden, daß die vom Generalinspektor mit der Planung von Reichsautobahnen und Landstraßen beauftragten Dienststellen eng mit den Landesplanern zusammenarbeiten und (...) auch die zukünftigen räumlichen Entwicklungspläne zugrunde legen.

---

64 Vgl. Ebd., S. 87ff.
65 Vgl. Ebd., S.3.

Aufgabe der Landesplaner wird es sein, an der Autobahn- und Straßenplanung in dem durch die beiden Erlasse gegebenen Rahmen mitzuwirken. Daneben muß es ihre Aufgabe sein, die weitere Entwicklung des gesamten Verkehrsbedarfs (...) in ihrem Planungsraume und insbesondere das Auftreten von Höchstbelastungen und Verkehrsklemmen sorgfältig zu beachten und frühzeitig daraus die entsprechenden planerischen Schlußfolgerungen zu ziehen.

Obwohl auch in Zukunft die planende und gestaltende Arbeit auf dem Gebiete des Straßenbauwesens den Hauptteil aller Verkehrsnetzplanung bilden wird, werden darüber hinaus infolge der durch den gestiegenen Verkehrsbedarf geänderten verkehrspolitischen Gesamtlage auch verkehrswirtschaftliche Planungsaufgaben vielseitiger zu lösen sein."[66]

Die Planer der Autobahnen waren also "unbewußte" Raumplaner geworden, denn der Bau dieser Straßen war tatsächlich *"die erste große raumordnerische Tat, die im Dritten Reich geschah,"* da sie - neben und ergänzend zur militärischen Nutzung - eine veränderte Verteilung der Industrie und des Handels ermöglichte und darauf zielte; kurz dem Kapital neue Verwertungsmöglichkeiten erschloß.

Logischerweise wurde deshalb auch eine enge personelle Verflechtung der Autobahnplaner mit den Raumplanern angestrebt: Sie wurden in die Reichsstelle integriert. Prominentestes Beispiel war der Geschäftsführer der Gesellschaft zur Vorbereitung der Reichsautobahnen W.H. Blöcker, er wurde stellvertretender Leiter der Reichsstelle für Raumordnung.[67]

Der organisierten Raumplanung (sofern sie an diesen Planungen bisher noch nicht beteiligt war) kam beim Autobahnbau Mitarbeit bei der Ausführungsplanung zu; auch räumlich war das Gesamtkonzept schon entwickelt (und im oben angeführten Gesetz von 1933 auch schon festgelegt). Insbesondere die Koordination der Streckenführung mit den Flächennutzungsplänen[68] der Ballungszentren und die Abstimmung mit der allgemeinen Verkehrswegeplanung gehörte zu ihren Aufgaben, die in den zitierten Erlassen rechtlich fixiert wurden.

---

66   Rudolf Hoffmann: "Neue verkehrs- und raumpolitische Entwicklungen" in: Raumforschung und Raumordnung 8/ 1937, S. 455 - S. 461, S.461.

67   Vgl. Josef Umlauf a.a.O., S. 6.

68   Vgl. Rudolf Hoffmann: "Aktive Verkehrs- und Raumpolitik", in: Raumforschung und Raumordnung 1/ 1937 S. 148 - S. 157, S. 154f.

3.2. Der Dr. Helmuth- Plan

Bei diesem nach dem Gauleiter von Mainfranken (= Unterfranken) genannten Dr. Helmuth- Plan der Landesplanungsgemeinschaft Bayern - Bezirksstelle Würzburg - für das am Nordrand des Landes gelegene Gebiet der Rhön handelt es sich um einen umfassenden und sehr genauen Strukturplan für eine Region mit seit der Kaiserzeit bekannten ökonomischen Problemen.

Dieser schon seit 1935 in Ausarbeitung befindliche Plan fand bei seiner Durchführung ab Herbst 1937 (hauptsächlich aber ab 1938) erhebliche Beachtung unter den an der Disziplin Interessierten (bis heute), was den häufigen Veröffentlichungen in der Zeitschrift Raumforschung und Raumordnung zu entnehmen ist. So ist es die einzige Einzelplanung, der ein ganzes Heft (2/1938) gewidmet ist. Dieses Interesse ergab sich aus dem umfassenden Planungsansatz außerhalb der bekannten Arbeitsgebiete Küstenschutz, Bebauungsplanung etc..[69]

Seit der Industrialisierung geriet die Rhön ins ökonomische und verkehrstechnische Abseits, da die dort lebende Agrarbevölkerung auf die nun niedergehende Köhlerei als Zusatzverdienst angewiesen war und nur ihr traditionelles Absatzgebiet an das Eisenbahnnetz angeschlossen wurde. Gekoppelt mit dem fränkischen Erbrecht, welches die schon schmale landwirtschaftliche Basis zersplitterte (Durchschnittsbesitz unter 2 ha), entstand eine völlig überschuldete (Kapitalisierung unterblieb wegen Marktferne) überwiegende Nebenerwerbslandwirtschaft, ergänzt durch saisonale Lohnarbeit.[70]

Mit steigender Arbeitslosigkeit im Gefolge der Weltwirtschaftskrise verschlechterte sich auch hier die ökonomische Lage; zudem gerieten Zinsdienst und Tilgung flächendeckend in ernstliche Gefahr, was ein wesentliches Motiv für die Aufstellung eines umfassenden Hilfsplans war.

"Die daraus entstehende Notlage hatte die nationalsozialistische Wirtschaftspolitik jedoch selbst heraufbeschworen: Eine entsprechende Sperre der Arbeitsämter hatte zur Folge, daß jede Gegend nur jene Arbeitskräfte beschäftigen durfte, die dort beheimatet waren. Viele Wanderarbeiter, die in den Sommermonaten außerhalb der Rhön (...) ihr Geld verdienten, wurden so gezwungen, das Jahr über in der Rhön zu verweilen. Hierauf war man weder hinsichtlich

---

69 Anm.: Das Interesse ist bis heute geblieben, so ist dieser Plan bis heute immer wieder Thema in den entsprechenden Seminaren im Fachbereich Geographie in Marburg.

70 Vgl. Konrad Bildstein: "Der Dr. Helmuth- Plan - Seine Grundlagen und seine Entwicklung", in: Raumforschung und Raumordnung 2/ 1938, S. 46 - S. 53, S. 47ff.

der Schaffung neuer Arbeitsmöglichkeiten noch hinsichtlich Nahrung und Wohnung vorbereitet."[71]

Die "Lösung" sollte darin bestehen, die als "Übervölkerung" Definierten vor ihrer "Absiedlung" per Arbeitsdienst zum Ausbau der Infrastruktur zu nutzen und die Hofgröße der Verbliebenen so anzuheben (Erbhofgesetz).[72]

Zuerst wurde die waldwirtschaftlich heruntergewirtschaftete Hochrhön durch ein sehr umfassendes Verkehrswegenetz erschlossen. Alsdann wurden die dadurch zugänglichen Flächen durch äußerst umfangreiche Meliorationsmaßnahmen (insbesondere Drainage und Entsteinung) zur landwirtschaftlichen Nutzung vorbereitet. (Derartige Maßnahmen auf Initiative der ortsansässigen Bevölkerung wurden dort in geringem Umfang - allerdings ohne Flächenplanung - schon seit Mitte des 19. Jahrhunderts durchgeführt.)

Mit den so gewonnenen Flächen wurde eine Art Flurbereinigung durchgeführt, die den Aufbau von ca. 150 Neuhöfen einschloß.[73] Sämtliche Maßnahmen wurden durch staatliche Kreditgarantien abgesichert.[74] Zudem wurde der Konzentrationsprozeß in der heimischen Holz- und Basaltindustrie durch staatliche Maßnahmen beschleunigt und die dortige Lohnarbeit auf Ganzjahresarbeit (z.T. mit Siedlungsneubau) der früheren Nebenerwerbslandwirte umgestellt.[75] Erstaunlich bei diesem Programm ist die exakte Erfassung/ Kartierung aller einzelnen Planungs- und Ausführungsschritte.

In den Veröffentlichungen der Zeitschrift Raumforschung und Raumordnung wird nur die staatlich geleitete Kartellierung mit Festpreissystem erwähnt, auf die in dieser Zeit verstärkt einsetzende sog. Arisierung findet sich bei den

---

71 Joachim S. Hohmann: "Landvolk unterm Hakenkreuz - Agrar- und Rassenpolitik in der Rhön", Band I + II, Frankfurt a.M., Berlin, Bern, Paris, New York, Wien 1992, Bd. I, S. 81.

72 Vgl. Joachim S. Hohmann a.a.O Bd. I, S. 82.

73 Konrad Bildstein a.a.O., S. 48f.

74 Vgl. Ludwig Hieber: "Die Kreditversorgung im Dienste des Aufbauwerks", in: Raumforschung und Raumordnung 2/ 1938, S. 99 - S. 100, S. 99f.

75 Anm.: Ein Teil der Nebenerwerbslandwirte kam eben in die Neuhöfe, ein anderer in die Lohnarbeit. Daß dabei Gewinner und Verlierer hergestellt wurden, versteht sich von selbst. Hinweise finden sich in den Veröffentlichungen in Raumforschung und Raumordnung dazu nicht, die Aufgliederung in Landwirte und Lohnarbeiter war aber eben beabsichtigt.

angesprochenen Industrien kein Hinweis,[76] wohl aber bei der sog. Neuordnung des lokalen Gewerbes.[77]

Bei der Durchführung des Dr. Helmuth- Plans kam es zu einer Zusammenarbeit von einer Unzahl verschiedenster nationalsozialistischer Organisationen und staatlicher Stellen, so das wirklich jeder Röhner von diesem Plan erfaßt wurde. Von der (federführenden) Landesplanungsgemeinschaft Bayern (Bezirksstelle Würzburg) bis zum NS- Studentenbund, von der Deutschen Arbeitsfront, von der NS- Gesellschaft Kraft durch Freude bis zum Reichsmütterdienst des deutschen Frauenwerks, vom NS- Kraftfahrerbund bis zur Universität Würzburg; kurzum alle gesellschaftlichen Gruppen sollten und wurden in den Strukturplan einbezogen.

Die Hauptlast bei den durchzuführenden Arbeiten aber trug der Reichsarbeitsdienst (z.T. eben die ehemaligen Saisonarbeiter und sonstige Arme der Rhön), die eigentliche "Finanzierung" erfolgte also durch Zwangsarbeit.[78] Nach dem Überfall auf Polen wurden zudem Kriegsgefangene eingesetzt.[79]

Der Dr. Helmuth- Plan kann also als ein Strukturhilfeprogramm unter der Bedingung und der Maßgabe eines korporativen Staates und der durch ihn gesteuerten, (und mit dem Plan erneuerten) regulierten kapitalistischen Ökonomie verstanden werden. Dieser Plan war also eben kein Sozial- und Wohlfahrtsprogramm.[80]

Der korporative Staat weist allerdings beim deutschen Faschismus die schon angesprochenen Besonderheiten auf. Wenn in einem wirtschaftlich schwachen Gebiet, in diesem Fall in der Rhön, Hilfsmaßnahmen für notwendig erachtet wurden, mußte klar abgewogen werden:

---

76   Vgl. Hugo Maurer: "Neuordnung der Basaltindustrie in der Rhön", in: Raumforschung und Raumordnung 2/ 1938, S. 97 - S. 98, S. 97f.

77   Vgl. Ludwig Hieber a.a.O., S. 99.
     Anm.: Darin finden sich sehr eindeutige antisemitische Angriffe auf den oft jüdischen Landhandel.

78   Vgl. Fritz Scherer: "Der Einsatz des Reichsarbeitsdienstes in Mainfranken", in: Raumforschung und Raumordnung 2/ 1938, S. 65 - S. 70, S. 65ff.
     Vgl. auch Joachim S. Hohmann a.a. O Bd. I, S. 81ff.

79   Anm.: Wegen der miserablen Versorgung bei härtester Schinderei starben viele von ihnen; ihre Gräber sind bis heute unbekannt; die Verantwortlichen wurden nie zur Rechenschaft gezogen.
     Vgl. Joachim S. Hohmann a.a. O Bd. I, S. 474.

80   Vgl. Joachim S. Hohmann a.a. O Bd. I, S. 166.

"Sentimental ist der Nationalsozialismus nicht, er verzettelt seine Kraft nicht in Aufgaben, die sich völkisch nicht lohnen. Mögen noch so interessante wirtschaftliche Probleme zur Maßnahme locken, der Nationalsozialismus wird sie nicht aufgreifen, wenn sie nicht einem Volksteil zugute kommen, der sie durch gesteigertes Leben dankt; den Wohlfahrtsgedanken demokratischer Prägung hat unser Staat aufgegeben.(...)

Wissend, daß Erbgut das Wesen des Menschen bestimmt, tritt der Politiker heute an den Erbbiologen heran mit der Frage: aus welchem Holz ist der Rhöner geschnitzt. (...)

Im Vordergrund muß also die Erforschung der menschlichen Tüchtigkeit der Bewohner stehen, und hier galt es nach nationalsozialistischen Grundsätzen, über die Untersuchung des Einzelwesens hinauszugehen und nicht mehr und nicht weniger zu erforschen als den Erbwert der gegenwärtig lebenden und in der Zukunft zu erwartenden Bevölkerung. Im Gau Mainfranken ist erstmals an die Verwirklichung dieser Forderung herangegangen (bereits seit 1935 mittels Standesamtsregister und Kirchenbüchern, M.B.) worden, um hieb- und stichfeste Grundlagen für das Menschenproblem in der Rhön zu schaffen."[81]

Vorbedingung für den Dr. Helmuth- Plan von 1937/ 1938 war also eine rassistische Selektion der Bevölkerung.

"Helmuth und mithin das Rassepolitische Amt versprachen sich von derlei Untersuchungen die Möglichkeit, (...) die geplanten Umsiedlungen einerseits und die Zuweisung von Erbhöfen andererseits leichter vonstatten gehen zu lassen." [82]

Über den Umfang der Selektionsmaßnahmen, ihre Ausführung und ihre Folgen für die Betroffenen ist durch Befragungen vor Ort nichts in Erfahrung zu bringen.[83]

---

81 Ludwig Schmidt- Kehl: "Der Mensch in der Rhön", in: Raumforschung und Raumordnung 1/ 1938, S. 74 - S. 74, S. 73.

82 Anm.: Diese Selektionsmaßnahmen basierten auf "rassebiologischen" Untersuchungen, mit denen ein Josef Dausacker schon 1935 begonnen hatte. Vgl. Joachim S. Hohmann a.a. O Bd. I, S.160f.

83 Anm.: Das zu diesem Zweck mit dem Kämmerer der Stadt Bischofsheim an der Rhön, Hr. Barkelmes, am 04. 06. 1996 geführte Gespräch war sehr unergiebig. Von rassistischer Selektion weiß er nichts, zuständig ist er, weil Besitzansprüche und die daraus resultierenden Aufgaben der Stadt geklärt werden mußten. Von Juden hat er noch nie etwas gehört. Das Archiv wurde zu seinem Bedauern nie systematisch ge-

"Leider läßt es die Quellenlage nicht zu, Kenntnis darüber zu erlangen, mit welchen direkten Konsequenzen einmal Untersuchte rechnen mußten. (...) Befragungen einzelner ehemals betroffener Personen lassen jedoch den Schluß zu, daß unter die Rassegesetze des NS- Staates fallende Bewohner der Rhön zur Abwanderung veranlaßt, andere hingegen sterilisiert worden sind."[84]

Während die Flurkarten zu diesem Projekt noch alle vorhanden (z.T. im Staatsarchiv in Würzburg, z.T. in Bischofsheim und für einige auch betroffene hessische Gemeinden im Hessischen Staatsarchiv in Marburg) und zugänglich sind, ist zu weiteren Maßnahmen (insbesondere Handel und Gewerbe) vor Ort keine Information mehr zu erhalten. Hinweise gibt es eben nur auf die gewaltsame Verdrängung des jüdischen Landhandels; sie müssen aber - wie die o.a. Drangsalierung des Landproletariats - stattgefunden haben.[85]

Erst 1944 wurden die Arbeiten des Dr. Helmuth- Plans kriegsbedingt weitestgehend eingestellt; dies belegt den damaligen Stellenwert des Projekts. Die Aufforstungen sind heute Naturschutzgebiet; man lebt hauptsächlich von Nebenerwerbslandwirtschaft und Tourismus, nachdem die Zonenrandförderung weggefallen ist. Auf dumme Studentenfragen nach dem Zustandekommen des jeweiligen Besitzes reagieren die Bewohner störrisch. Der Dr. Helmuth- Plan gilt z.B. in Bischofsheim als frühe Flurbereinigung und weitsichtige Infrastrukturmaßnahme.[86]

4. Der Mitteleuropäische Wirtschaftstag

Jenseits der bisher dargestellten Geschichte der "offiziellen" Raumplanung und ihrer Institutionalisierung, findet sich frühes (ansatzweise) raumplanerisches Denken allerdings auch beim Mitteleuropäischen Wirtschaftstag. Diese zur Raumplanung führenden Ansätze werden hier dargestellt, da die Perspektive die der heute entwickelten Disziplin ist und sein muß, wenn ihre Entstehung sinnvoll beschrieben werden soll.

---

führt, was er aber demnächst zu tun gedenkt. Über die staatlich geleiteten Veränderungen in der regionalen Gewerbestruktur (Arisierungen) ist nichts in Erfahrung zu bringen (Omerta).

84   Joachim S. Hohmann a.a. O Bd. I, S. 166.
85   Vgl. Ludwig Hieber a.a.O., S. 99.
     Vgl. Joachim S. Hohmann a.a. O Bd. II, S. 224f.
86   Anm.: Eigene Befragung vor Ort.

Dieses 1924 in Wien gegründete und anfänglich international besetzte Diskussionsforum wurde Ende der 20er Jahre zu einem Sprachrohr deutscher Imperialisten.

"Der Mitteleuropäische Wirtschaftstag entwickelte sich in den folgenden Jahre zu einem brauchbaren Instrument des indirekten und verdeckten Eindringens des deutschen Imperialismus in die Länder des Balkans."[87]

Anfang der 30er Jahre wurde der Mitteleuropäische Wirtschaftstag zu einem staatsnahen Brain-Trust und zu einem Bindeglied zwischen Industrie und NSDAP.[88]

"Die Grundzüge der Großraumwirtschaft, die Aufteilung Europas in verschiedene mehr oder weniger von einander abhängige Wirtschaftszonen, denen das deutsche Reich ihre Funktion zuweisen und sie in seinem Sinne aufeinander abstimmen wollte, hatte der Mitteleuropäische Wirtschaftstag schon Ende der 20er Jahre entwickelt."[89]

Diese angestrebte Verbindung von Geographie und Ökonomie mit der klaren Perspektive der *Planung der funktionalen Beziehungen* ist als eine für diese Zeit durchaus neue Form imperialistischer Expansion anzusehen. Innerhalb des Großraums war zwar kapitalistische Arbeitsteilung vorgesehen, aber keine Konkurrenz, weshalb der substitutive Warenaustausch behindert und der komplementäre gefördert werden sollte.[90] Komplementärer Warentausch auf Clearing- Basis bedeutet, daß jedes Land nur Produkte importiert, die es selber nicht herstellen kann oder soll. Mit der Konkurrenz entfällt aber auch der Markt und damit die Wertermittlung, die jetzt von der Hegemonialmacht in einem Willkürakt[91] durchgeführt wird, indem sie Volumen, Standorte, Verfahren etc. reguliert. Dadurch aber wird der freie Tauschvertrag unabhängiger Subjekte durch den erzwungenen Tausch abgelöst. Dazu Gustav Schlot-

---

87 Wolfgang Schumann: "Griff nach Südosteuropa", Berlin 1973, S. 52.

88 Vgl. Wolfgang Schumann a.a.O., S. 51ff.

89 Götz Aly / Susanne Heim: "Vordenker der Vernichtung - Auschwitz und die deutschen Pläne für eine neue europäische Ordnung", Frankfurt a.M. 1991 / 1993, S. 335.

90 Vgl. Alfred Sohn- Rethel: "Ursprung und Bestimmung einer ständischen Handelspolitik", in: Der Deutsche Volkswirt vom 20. 07. 1934, S. 1881ff.

91 Anm.: Zur Legitimation wird häufig die "natürliche Leistungskraft" herangezogen. Daß dieses Konzept in unmittelbarem Zusammenhang zu den Erfahrungen der Weltwirtschaftskrise steht ist offensichtlich.

terer, der sog. Neuordnungsfachmann im Reichswirtschaftsministerium auf einer Pressekonferenz seines Ministeriums vom 24. 07. 1940:[92]

"An lebenswichtigen Produkten muß so viel wie möglich in Deutschland und in dem von Deutschland beherrschten Wirtschaftsraum Europa erzeugt werden. ... Unser Ziel ist es, den Wirtschaftsverkehr und den Warenaustausch immer mehr auf Deutschland hinzulenken. Alle Waren müssen über den deutschen Markt laufen. Damit erhalten wir genaue Kontrolle. Im übrigen müssen auch die Wirtschaften unserer Handelspartner privatwirtschaftlich so mit den deutschen Interessen verflochten werden, daß diese Staaten, selbst wenn sie wollen, aus diesen Bindungen und Abhängigkeiten nicht mehr herauskommen. (...) Im einzelnen müssen wir in folgende Unternehmungen hineingehen: Im Südosten bei Getreide, in Norwegen und Jugoslawien bei Metallen, in Rumänien beim Öl (...)."

Schlotterer resümiert hier die schon stattgefundene Entwicklung und ihre Fortschreibungsmöglichkeiten angesichts einer sich abzeichnenden Besetzung Jugoslawiens; die früheren Absichtserklärungen sind allgemeiner gehalten.

Letztere lassen durchgehend eine Planungs- und Aneignungsabsicht, aber keine räumlich klar definierte Interessensphäre erkennen. Mal werden die "Donaustaaten" als "Ergänzungsraum", mal als "Übergangsraum" nach Vorderasien definiert. Zudem tauchen immer wieder die Schlagworte "Berlin-Bagdad" und "Wien- Saloniki" auf.[93]

Allen gemeinsam ist nur das Ziel einer von Deutschland diktierten Arbeitsteilung, die nach Produktivitätsgrad von Zentrum Deutschland aus gestaffelt werden soll.

Ideologisch gestützt von der Formel "Volk ohne Raum" versuchten insbesondere die Chemieindustrie, aber auch Krupp und andere - schon vor den Nazis - dieses kontinentalimperialistische Konzept in Südosteuropa (vor allem Rumänien, Jugoslawien, Bulgarien und Ungarn) mit den klassischen Mitteln des durchdringenden Kapitalexports und gesonderten Austauschkonditionen durchzusetzen. Angestrebt wurde auch hier eine vollständige Ausrichtung auf Deutschland mit der klaren Perspektive der Abhängigkeit, also des ungleichen Tausches.

---

92 Quelle wie im Text. Anm.: Schlotterer war der Verbindungsmann des Ministeriums zur Vierjahresplanbehörde und übernahm später die Koordination innerhalb seines Ministeriums für die besetzten Ostgebiete.

93 Vgl. Wolfgang Schumann a.a.O., S. 53.

Die radikalisierte ökonomische Umsetzung verdanken die Beteiligten der durch übermäßige Rüstungsausgaben hervorgerufenen Finanzkrise von 1934 und Hjalmar Schachts (Reichsbankpräsident) Einfällen zu ihrer Lösung[94]. Wegen der für die Nazis zu dieser Zeit noch existenzgefährdenden Devisenknappheit wurden Auslandsverpflichtungen besonders gegenüber südosteuropäischen Staaten einfach nicht mehr beglichen und so die Gläubiger zu einer Zwangsanleihe an das Deutsche Reich gezwungen. Dies beinhaltete von vorneherein auch die Perspektive des Überfalls auf die militärisch wesentlich schwächeren Gläubiger; der Handel auf Clearing- Basis diente dann später auch zur Kriegsfinanzierung.[95] Die zwangsweisen Gläubiger konfiszierten sofort deutsche Handelsüberschüsse und richteten Clearingzentralen ein. Dadurch wurde der Weltmarkt ruiniert und durch bilaterale Handelsbeziehungen ersetzt, in welchen Deutschland sein neues militärisches Gewicht vorteilhaft einsetzen konnte und welche für die weniger industrialisierten Länder ruinöse Folgen hatten, da Deutschland mit der Kontrolle ihres Exports auch fast die gesamte Investitionstätigkeit kontrollieren konnte, weil dafür jetzt wichtige Devisen fehlten.[96]

Im Zentrum steht also das Programm, die Industrialisierungstendenzen südosteuropäischer Länder abzufangen und sie in das Schema eines sog. Ergänzungsverkehrs zwischen deutschen Industrielieferungen und peripheren Agrar- und Rohstofflieferungen zu pressen. Allerdings gestaltete das Deutsche Reich die bilateralen Austauschkonditionen derart drastisch, daß der Werttransfer vor allem aus Südosteuropa schon 1936 nicht mehr zur Finanzierung des nazistischen Rüstungsprogramms ausreichte, da die betreffenden Länder jede Möglichkeit nutzten, diese Exportform zu umgehen, was das Deutsche Reich durch verschärften politischen Druck zu verhindern trachtete. Dies scheiterte - trotz des großen Einflusses der deutschen Regierung in dieser Region - am Unwillen der Betroffenen, vor allem aber an mangelnder Koordination im Sinne der Akteure, die eben ohne den Export staatlicher Machtmittel nicht zu haben ist.[97] Das drückte sich vor allem in fortgesetzten vorteilhaften Wirtschaftsbeziehungen der Länder Südosteuropas zu den

---

94 Anm.: Der folgende Abschnitt folgt wesentlich der Darstellung (Paraphe) von Karl Heinz Roth: "Vernichtung und Entwicklung - Die nazistische 'Neuordnung' und Bretton Woods", in: Mitteilungen der Dokumentationsstelle zur NS- Sozialpolitik, Juni 1985, S. 1 - S. 52.

95 Vgl. Wolfgang Schumann a.a.O., S. 62ff.

96 Vgl. Gtz Aly/ Susanne Heim a.a.O., S. 335.

97 Vgl. Ebd., S. 336f.:
    "Die Wirtschaftsoffensive in Südosteuropa hatte jedoch nicht den gewünschten Erfolg. (...) So entstanden z.B. binnen kurzer Zeit Maschinenfriedhöfe."

ökonomischen Konkurrenten England und Frankreich aus, die eben bezahlten und keine Zwangsanleihe zeichnen ließen.[98] Deren Unterbindung und die weitere Anbindung an Deutschland wurde dann zu einem Kriegsziel; diese militärische Option wurde bereits 1934 verklausuliert vorangekündigt.[99]

Die Transformation von einer wirtschaftspolitisch orientierten Zielplanung zu einer militärischen Kriegszielplanung war dann Aufgabe der Vierjahresplanbehörde, von der noch zu reden sein wird, weil auch dort Raumplaner mitarbeiteten.

"Unmittelbar vor Kriegsbeginn wurde in diesem Zusammenhang auch die Vierjahresplanbehörde aktiv."[100]

Diese Behörde erstellte dann die Studien über mögliche Produktionsumstellungen im dargestellten Sinne, denen sie bereits im August 1939 folgendes Fazit anhängten:

"Der Großwirtschaftsraum, bestehend aus Großdeutschland einschließlich Slowakei, Ungarn, Italien, Spanien sowie den Balkanländern außer Griechenland, kann die wehrwirtschaftliche Blockadesicherheit (...) ohne den wirtschaftlichen Anschluß an Rußland - nur in begrenztem Umfang erreichen." [101]

Die für uns interessante Frage, ob es sich bei diesen Konzepten schon um echte Raumplanung (und bei den Ausführenden um Raumplaner) nach heutigem Verständnis handelt, muß also verneint werden, wohl aber gehört dies zur Entstehungsgeschichte der neuen Wissenschaft, da Ökonomie, verschiedene Gesellschaften und geographische Bedingungen unter dem Aspekt der (auf Raub und Ausplünderung) zielgerichteten Planung gemeinsam untersucht und zur Grundlage späterer Raumplanungen wurden. Planerischer Gedanke und eingesetzte Mittel (Zwangsanleihe) fallen noch auseinander.

---

98   Ebd., S. 337.

99   Vgl. Alfred Sohn- Rethel: "Ursprung und Bestimmung einer ständischen Handelspolitik", in: Der Deutsche Volkswirt vom 20. Juli 1934, S. 1885:
"Die Frage nach den Kräften und Möglichkeiten des internationalen Wirtschaftsausgleichs wird damit immer unmittelbarer zu einer Frage des politischen Existenzkampfes konkurrierender nationaler, imperialer oder regionaler Gruppen in der Welt. (...) In dieser Hinsicht kämpft Deutschland und kämpfen seine großen Investitionsindustrien heute einen Kampf auf Leben und Tod."

100 Götz Aly/ Sudsanne Heim a.a.O., S. 337.

101 Konzept der Reichsstelle für Wirtschaftsaufbau im Vierjahresplan vom August 1939, zitiert nach: Götz Aly/ Susanne Heim a.a.O., S. 337.

Die genaue geographische Abgrenzung bleibt dabei immer nebulös, während die Empirie des einzelnen Raumes ein erstaunliches Niveau erreicht und damit Kernstück einer viel später (nach der Besetzung) einsetzenden Verwissenschaftlichung durch Raumplaner unterschiedlichster Institutionen wird, die in Kapitel 6 noch genauer aufgeschlüsselt werden. Die Ökonomen des Mitteleuropäischen Wirtschaftstages wandten sich also den raumplanerischen Ideen als ihnen nützliche zu, ohne schon komplette Raumplanungen aufzustellen, lieferten aber zudem mit ihrer Empirie einen wesentlichen Beitrag für ebensolche Planungen. Die genaue geographische Abgrenzung erfolgt eben erst durch die Wehrmacht; das ist das Prinzip:

> *"Durch die Neugestaltung der Verhältnisse im Osten haben wir neue Siedlungsgebiete gewonnen, deren Gestaltung uns (...) die größten Aufgaben stellt."*[102]

5. Das Beispiel Wien

Der gerade zitierten Maxime folgend wurde für das 1938 gerade neu gewonnene Siedlungsgebiet Österreich, schon 15 Tage nach der Annexion, von Göring[103] die Einleitung eines Arisierungsprogramms gefordert und der institutionelle Rahmen dazu bis Mitte Mai etabliert.

Im Laufe des Jahres wurde zudem die Raumplanung durch eine Landesplanung für die Ostmark unter Vorsitz von Willi Richert etabliert, dessen Leiter sich hier für größere Aufgaben profilieren konnte (siehe dazu der Abschnitt über Stadtplanung in Polen).[104]

Im Gegensatz zum Deutschen Reich, das mittels Rüstungsboom und Plünderung des Weltmarktes einen Wirtschaftsaufschwung auf wackeligen Beinen erzeugt hatte, litt die österreichische Wirtschaft an mangelnder Auslastung und stagnierender Produktivität.

Diese Mißstände zu beheben war aber nur ein Ziel des sog. Reichskommissars für die Wiedervereinigung Österreichs mit dem Deutschen Reich, des ehemaligen saarpfälzischen Gauleiters Josef Bürckel. Denn die Ausrichtung

---

102 Frank Glatzel: "Besiedlung der Ostgebiete durch bäuerliche Kolonisation aus dem Altreich", in: Raumforschung und Raumordnung, 3/ 1940, S. 147 - 149, S. 147f.
Anm: Frank Glatzel war der sog. Hauptschriftleiter (etwa: Chefredakteur) der Zeitschrift Raumforschung und Raumordnung.

103 Vgl. Götz Aly/ Susanne Heim a.a.O., S. 33.

104 Vgl. Niels Gutschow: "Stadtplanung im Warthegau 1939 - 1944", in: Mechtild Rössler/ Sabine Schleiermacher (HG): "Der 'Generalplan Ost' - Hauptlinien nationalsozialistischer Planungs- und Vernichtungspolitik", Berlin 1993, S. 232 - S. 258, S. 232.

auf die Interessen des Deutschen Reiches und die Funktionalisierung Österreichs als Tor für weitere Expansion nach Südosteuropa waren die erklärten Ziele der Reichsregierung.[105]

5.1. Wohnraum

Zudem herrschte, von einem vielbeachteten sozialdemokratischen Intermezzo (Bau des Marx- Hofes etc.) abgesehen, in Wien ein extremer Wohnraummangel.[106] Wegen des relativ großen Anteils der jüdischen Bevölkerung und der Dringlichkeit des Wohnungsproblems können "Studien über Wien (...) daher von einer gewissen exemplarischen Bedeutung für ganz Österreich, vielleicht auch für den ganzen Bereich des 'Großdeutschen Reiches' sein."[107]

Trotz des geringen Umfangs stellten die sozialdemokratischen Baumaßnahmen für die NSDAP eine Herausforderung dar, die sie mit nie verwirklichten Neubauplanungen und einem verkürzten Antikapitalismus ("Zinswucher" etc.) zu beantworten versuchte.[108]

Gleichzeitig kam es im Frühjahr 1938 zu spontanen "Arisierungen", die der Gauleiter Bürckel durch verwaltungstechnische Maßnahmen und die Einsetzung des städtischen Planers Gerhard Laub (der in engem Kontakt zum Mitarbeiter der Reichstelle für Raumordnung und Leiter der Reichsarbeitsgemeinschaft für Raumforschung[109] Konrad Meyer stand) einzugrenzen versuchte.[110] Bis Dezember 1938 war der gesamte Wohnungsbestand in Wien

---

105 Vgl. Wolfgang Schumann: "Griff nach Südosteuropa", Berlin 1973.

106 Vgl. Gerhard Botz: "Wohnungspolitik und Judenverfolgung in Wien 1938 - 1945 - Zur Funktion des Antisemitismus als Ersatz nationalsozialistischer Sozialpolitik", Salzburg 1975, S. 14ff.

107 Ebd., S. 6.

108 Vgl. Ebd., S. 38.

109 Anm.: Die Reichsarbeitsgemeinschaft wird in Kap. 6. dargestellt. Zum Problem der Planerbiographien werden in der Nachschrift einige Angaben gemacht.

110 Vgl. Ebd., S. 22 und S. 27 und S. 35.

nach rassistischen Kriterien kartiert (auch die schon stattgefundenen Umsiedlungen), mindestens 50% waren schon "arisiert".[111]

Die Beraubten wurden räumlich zielgerichtet in "jüdische Halbghettos am Donaukanal"[112] konzentriert. Denn obwohl schon die ersten Deportationszüge (vor allem mit staatenlosen Juden) rollten, waren die meisten Pauperisierten noch in der Stadt.[113] Die Umsiedlung in Halbghettos konnte aus der Sicht der Ausführenden aber nur eine Zwischenlösung sein, denn diese bestanden ebenfalls aus Wohnungen, auf die wiederum "Bedarf" angemeldet wurde.[114] Daraufhin ließ Bürckel im Juli 1939 einen Internierungsplan[115] zur "Totalentjudung" entwickeln, der für die Wiener Juden als Vorstufe zur Deportation KZ- ähnliche Barackenlager außerhalb der Stadt vorsah, die dann nur deshalb nicht gebaut wurden, weil - unter anderem auch durch den Druck aus Wien - bereits die Deportation in die bestehenden Lager begonnen hatte.[116]

"Dies ist ein weiterer Beleg für die These, daß der in Österreich (...) praktizierte Antisemitismus der Judenverfolgung in Deutschland einige Grade vorauseilte und von hier aus starke Impulse auf das 'Altreich' ausgingen."[117]

5.2. Gewerbebetriebe

Die Frage nach dem Zusammenhang zwischen der Politik der Vertreibung (und Vernichtung?) einerseits und der Politik der Modernisierung andererseits, stellt sich hier also neu.

"Beide zusammen waren darauf gerichtet, dem Deutschen Reich und schließlich dem gesamten europäischen Kontinent neue politische, ökonomische und soziale Strukturen aufzuzwingen, und zwar binnen kürzester Frist."[118]

Dies wird auch dort deutlich, wo Raumplaner (neben anderen) an der "Arisierung" von Gewerbe und Handel beteiligt waren. Die ökonomische Auswahl der Reihenfolge der Enteignungen und der weiteren Verwendung errechne-

---

111 Vgl. Ebd., S. 59f.

112 Vgl. Ebd., S. 77.

113 Vgl. Ebd., S. 72.

114 Vgl. Gerhard Botz a.a.O., S. 89f.

115 Vgl. Ebd., S. 90.

116 Vgl. Ebd., S. 92f.

117 Ebd., S. 103.

118 Götz Aly/ Susanne Heim a.a.O., S. 9.

ten Planer des Reichskuratoriums für Wirtschaftlichkeit.[119] Während der "Entjudung" Wiens wurde zwischen Enteignung und Schließung aber auch nach Prinzipien der städtischen Raumplanung entschieden.

Federführend dafür war die nun auf die sog. Ostmark ausgedehnte Reichsstelle, wie anhand einer Gremientagung (siehe unten) festgestellt werden kann, die im September 1938 stattfand. Die Namen der ausführenden Planer sind in der dazugehörigen Veröffentlichung genausowenig zu finden wie entsprechende Karten. Dieses hier noch einmal deutlich werdende Quellenproblem kann aber kein Grund sein die Arbeit der Raumplaner in diesem Bereich für gänzlich unbedeutend zu halten (wie der nachstehende Artikel aus Raumforschung und Raumordnung zeigt), da davon auszugehen ist, daß diese (Halb)Geheimhaltung sehr bewußt erfolgte. Die Relevanz der Raumplaner im Vergleich zu anderen Technokraten ist auch hier nicht letztendlich zu klären; dieses Thema ist auch in Österreich nicht wirklich aufgearbeitet.[120] Fest steht nur, daß sie an den Planungen beteiligt waren:

"Sie ermittelten Standortverdichtungen, berücksichtigten 'künftige Änderungen des Stadtbildes' und geplante 'Straßenführungsbereinigungen'. Darüberhinaus versuchte man die Einzelhandelsgeschäfte und Handwerksbetriebe 'verbrauchsorientiert (...) nach den Bevölkerungsdichten gleichmäßig im Raum zu verteilen'. (...) Die Planer verstanden ihr Vorhaben als 'städtische Raumplanung'."[121]

"Die heutige Tagung setzt die in wenigen Jahren seit Schaffung der Reichsstelle geleistete Arbeit auf ostmärkischem Boden fort. (...) Besonders hervorheben möchte ich an dieser Stelle die Maßnahmen zur Entjudung der deutschen Wirtschaft und des deutschen Raumes. Weil die Verjudung in der Ostmark ein unvergleichlich größeres Ausmaß angenommen hatte als im übrigen Reichsgebiet, waren hier besondere Maßnahmen notwendig und obwohl diese Maßnahmen in der Ostmark das schwierige Problem in der kurzen Zeit von sechs Monaten naturgemäß erst vorbereitend in Angriff genommen werden konnte, hat sich daraus eine entschlossene Inangriffnahme des Problems im gesamten Reich bereits in einer

---

119 Anm.: Das ist dieselbe Institution, die auch die wirtschaftlichen Berechnungen für Auschwitz durchführte und in der BRD als Rationalisierungskuratorium der deutschen Wirtschaft weitergeführt wurde. Siehe dazu auch: Götz Aly/ Susanne Heim a.a.O., S. 36.

120 Anm.: So auch Gerhard Botz in einem Telefonat mit dem Verfasser am 03. 07. 1996.

121 Götz Aly/ Susanne Heim a.a.O., S. 38f.

Weise entwickelt, die die völlige Entjudung des deutschen Raumes in wenigen Jahren in sichere Aussicht stellt."[122]

Sehr deutlich beschreibt der Autor hier die sich selbst in ihren Rückwirkungen verstärkenden Maßnahmen durch ihren Export (Gewaltfrage). Er weist ausdrücklich darauf hin, daß die "Entjudung" Wiens der im Deutschen Reich einen neuerlichen Aggressionsschub geben soll, also Studien über Wien tatsächlich eine exemplarische Bedeutung haben.

"Eine einsichtige nationalsozialistische Führung ist daher auch heute schon an der Arbeit, diese Stadt räumlich auszugestalten, (...) (so daß) ein Stadtgebilde entsteht, das in der Lage ist, den zahlreichen Volksgenossen, die als Mitarbeiter an diesen Aufgaben Wiens tätig sein werden, würdige Wohn- und Lebensmöglichkeiten zu bieten. Diese Neugestaltung und Auflockerung der Stadt Wien (...) wird auch ihre Beziehung zu den anderen Gauen des Alpenlandes auf eine neue, in biologischer, kultureller und wirtschaftlicher Hinsicht fruchtbarere Grundlage stellen."[123]

Das Ziel dieser Planer war also die Durchsetzung/ Festigung eben jenes strukturellen Vorteils[124] für die Volksgemeinschaft, der überhaupt Antrieb für diese Politik war. Die Entrechtung (später Vernichtung) einer Minderheit und die wirtschaftliche Sanierung sollten auch aus räumlicher Perspektive bruchlos ineinandergreifen.

Die ökonomischen Wirkungen solcher Beraubungen sollen hier einmal in ihrer Funktionsweise anschaulich beschrieben werden:

Zerstören Sie in der Marburger Oberstadt 10% der Geschäfte, haben die restlichen Ladenbesitzer erst einmal 10% mehr Umsatz. Enteignen Sie 30% der Ladenbesitzer (wie in Wien), schließen 25% und verteilen den Rest unter den anderen Kaufleuten, schaffen Sie zudem mit den sonstigen enteigneten Vermögenswerten Nachfrage, dann erreichen Sie eine kurzfristige Ankurbelung der Wirtschaft. Enteignen Sie auch einen Teil der Betriebe des verarbeitenden Gewerbes, können Sie den entstandenen Spielraum zudem zur Rationalisierung nutzen. Ihre Komplizen sind dann alle diejenigen, die weiterhin ungestört am Wirtschaftsleben teilnehmen. Bricht allerdings der Prozeß der Beraubung ab, fällt diese Scheinblüte in sich zusammen, da Sie die Wert-

---

122 Walter Rafelsberger: "Die wirtschaftliche Eingliederung der Ostmark in den großdeutschen Raum", in: Raumforschung und Raumordnung, 10/ 1938, S. 481 - S. 487, 483ff.

123 Ebd., 483ff.

124 Anm.: Der eben auf allen Ebenen geplant wurde. Die verstaatlichten Arisierungsgewinne wurden zum wirtschaftlichen Strukturfonds.

schöpfung um keinen Deut ausgeweitet haben und zudem die Versorgung der Pauperisierten Kosten verursacht. Nur die Senkung dieser Kosten und weitere Beraubungen können den so induzierten Wirtschaftsaufschwung retten. Innere und äußere Kolonisierung sind im Nazismus sowieso Teil eines umfassenden Konzepts, trotzdem sei hier noch einmal gezeigt, wie die innere die äußere Kolonisierung notwendig nach sich zieht und das Beispiel Wiens zeigt, wie die äußere die innere verschärft.

In Wien hatten deutsche Planer das erste Mal außerhalb der Reichsgrenzen Raub und strukturelle Sanierung im großen Stil angewandt.

"Im Prinzip arbeiteten die deutschen Planer bis zum Jahr 1941 in allen besetzten Ländern auf dieser Linie weiter, wobei sie insbesondere in Westeuropa die Politik der 'Entjudung' mit der der Kapitalverflechtung kombinierten."[125]

"Da der sozialpolitische Spielraum nicht durch eine prinzipielle Änderung der Eigentumsordnung erreicht werden konnte, wurde er auf Kosten der Menschen in den neu eroberten (oder annektierten, M.B.) Gebieten geschaffen: indem man sie vertrieb, enteignete und diskriminierte. Das Programm hatte seine profiliertesten Vertreter in Görings Vierjahresplanbehörde."[126]

Und auch um diese Behörde soll es im nächsten Kapitel gehen, da dort Raumplaner mitwirkten.

6. Organisation und Institutionalisierung im Wandel. - Kriegsvorbereitung und Krieg.

Im Mai 1941 schreibt einer derjenigen, deren Job jahrelang die Koordination von Flächennutzungsplänen mit Straßenneubauten war, folgende Zeilen an die Redaktion der ihn betreffenden Fachzeitschrift:

"Bomben brechen die Haufenstadt."

"Unser Mitarbeiter (der Zeitschrift Raumforschung und Raumordnung , M.B.), Heinrich Dörr, der sich zur Zeit im Felde befindet, sendet uns aus der Bereitstellung den nachstehenden Beitrag, in dem er die Erfahrungen des Luftkrieges für den Städtebau auswertet."[127]

---

125 Götz Aly/ Susanne Heim a.a.O., S. 276.

126 Ebd., S. 167.

127 Redaktionelles Vorwort zum unten aufgeführten Artikel.

"Ein feldgrauer Planer meldet sich zu Wort. Keinesfalls um als Soldat mit raumplanerischem Vorleben seinerseits über die räumlichen Kriegsziele ein übriges zu reden. Nach der klaren Beweisführung des Führers, vor wie während des Krieges immer wieder dargelegt, weiß jeder Deutsche, worum es für ein 'Volk ohne Raum' in der Auseinandersetzung mit den raumfremden Räuberreichen geht. Darüber hinaus war der Fachwelt für die wissenschaftliche Erläuterung dieses Gegensatzes und für die Erarbeitung raumplanlicher Taktiken hinlänglich Zeit in den Jahren der sachlichen und geistigen Aufrüstung gelassen worden.

Ferner erübrigt es sich für den Soldaten, über die Struktur der durch die Wehrmacht erlösten und besetzten Gebiete zu berichten.

Der fechtenden Truppe sind ja alsbald Planungsreferenten gefolgt, die den neuen Raum in Ost und West raumplanlich erkunden, auswerten und erobern."[128]

Ausgangspunkt dieses Kapitels ist der Wandel der Organisationsform und der Institutionalisierung der Raumplanung aus der Perspektive ihrer gesellschaftlichen, ökonomischen und politischen Funktion. Entstanden ist dieses Kapitel direkt aus dem Arbeitsprozeß. Da die Raumplanung für diesen historischen Abschnitt bislang noch nicht systematisch untersucht ist, habe ich einfach die bekannten Institutionen nacheinander durchgearbeitet und sie ihrem Entstehungsdatum nach geordnet. Bei den Betrachtungen steht die funktionale Bedeutung und die tatsächlich ausgeführten Planungen, also weniger die offizielle Geschichte der Institutionen im Vordergrund. Dabei wird eine Entwicklung sichtbar.

Obschon hier nur eine eingegrenzte Darstellung im Sinne des Beitragsthemas geleistet werden soll, muß auch diese Darstellung wegen der schwierigen Quellenlage (siehe dazu die Einleitung) notwendig unvollständig bleiben, da mit dem Kriegsverlauf eine gewissen Unübersichtlichkeit einhergeht; bearbeitet wird räumlich jeweils das Gebiet der Hauptaktivitäten.

Dargestellt werden:

– Die Reichsstelle für Raumordnung (1935).
  Oberste und die nach Verwaltungsgrenzen geordnete Landesplanungen zusammenfassende Behörde des Reiches (siehe Abs. 2.2.).

– Die Planungsabteilung der Vierjahresplanbehörde (1936).

---

128 Heinrich Dörr: "Bomben brechen die 'Haufen'- Stadt. Stadtplanerische Betrachtungen über den Luftkrieg", in: Raumforschung und Raumordnung 5/1941, S. 269 - S. 273, S. 269.
Anm.: Hervorhebungen M.B..

Die Planungsabteilung ist integraler Bestandteil der Vierjahresplanbehörde.
Vorsitz: Hans Kehrl.
- Die Reichsarbeitsgemeinschaft für Raumforschung (1936).
Zusammenfassende Arbeitsgemeinschaft der Raumplaner (oder solche, die es werden wollten) der Arbeitsgemeinschaften/ Institute an den Hochschulen.
Obmann: Konrad Meyer.
- Die Planungshauptabteilung beim Reichskommissar für die Festigung deutschen Volkstums (1939). Diese Abteilung heißt offiziell ab 1940 Hauptabteilung Planung und Boden, erhält das Kürzel C33 und wird in Quellen und Literatur hin und wieder auch Planungsamt genannt.
Leiter: Konrad Meyer.
- Abteilung Raumplanung und Städtebau.
Die am 03. 05. 1940 gegründete Unterabteilung der Hauptabteilung Planung und Boden für die (polnischen) Städte.
Vorsitz: Josef Umlauf.
- Während des Kriegsverlaufs vervielfältigen sich die Planungsinstitutionen ohne ein erkennbares organisatorisches Muster (siehe Abs. 6.4.).

Nicht weiter beachtet wurden:

- Die Hauptabteilung für Raumordnung im Reichsministerium für die besetzten Ostgebiete, eine Konkurrenzinstitution zur Hauptabteilung Planung und Boden (C33), mit der Reichsminister Rosenberg vergeblich versuchte, sich gegen Himmler durchzusetzen. Aus dieser Hauptabteilung für Raumordnung sind weder wirksame Planungen noch relevante Veröffentlichungen bekannt.[129]

- Gleichzeitig mit der Reichsstelle für Raumordnung wird eine kleine parteieigene Institution, die Akademie für Landesforschung und Reichsplanung, offensichtlich zur Kontrolle der Raumplanung durch die Partei gegründet. Diese Akademie versammelt zu ihren Tagungen Raumplaner der Stadt-, Regional-, Landes-, Reichs- und Ostplanung, offensichtlich zu dem Zweck, eine wechselseitige Abstimmung mit der Parteilinie zu erreichen.[130]

- In verschiedenen Institutionen der Deutsche Arbeitsfront wurden raumplanerische Gedanken mehr am Rande aufgegriffen: Im Hauptschulungsamt, im Heimstättenamt, vor allem aber im Arbeitswissenschaftlichen Institut der Deutschen Arbeitsfront wurde Raumplanung als den eigenen

---

129 Vgl. Dieter Münk a.a.O., S. 435.
130 Vgl. Dieter Münk a.a.O., S. 414.

Zielen nützlich begriffen. Die Deutsche Arbeitsfront insgesamt zielte auf Inkorporation der deutschen Arbeiter in den Nationalsozialismus, entwikkelte auch bei raumplanerischen Aktivitäten entsprechende Programme und forderte vor allem soziale Aufstiegsmöglichkeiten für deutsche Arbeiter auch durch die Ostexpansion.[131] Daß die deutsche Arbeitsfront bei der Ostplanung in der Konkurrenz zu Himmler unterlag[132] zeigt, wie die faschistische Inkorporation der Arbeiter gedacht war - und wie nicht.

Besonderes Augenmerk verdient das Gewaltpotential der unterschiedlichen Institutionen (im angesprochenen Zeitabschnitt), ihrer Planungen und der Durchführung. Denn das ist ja die zentralen Frage, woher denn diese Planungsreferenten kommen und wieso Planer, die ihre neue Disziplin an Bebauungs- und Flächennutzungsplänen entwickelten, nun euphorisch in der Zeitschrift Raumforschung und Raumordnung über die das Stadtbild auflokkernde Wirkung deutscher Bomberstaffeln berichten.[133]

6.1. Die Reichsstelle für Raumordnung

Eine von der Reichsstelle für Raumordnung vorangetriebene Expansionstendenz in dem Sinne, daß die Raumplanungen für die besetzten oder zu besetzenden Gebiete vor der militärischen Aggression veröffentlicht wurden, ist nicht nachzuweisen. Dies ist allerdings auch nicht weiter verwunderlich, da solche Planungen (egal von wem), sollten sie vorher schon existiert haben - was wahrscheinlich ist - unter die militärische Geheimhaltung fielen. Solch eine Expansionstendenz wird aber schon sehr früh und häufig angedeutet, so auch vom aus den Agrarwissenschaften kommenden Raumplaner Hans Merkel in Raumforschung und Raumordnung 1/ 1936:

"Dabei muß bewußt sein, daß wir ein Volk ohne Raum sind. (...) nahezu 15% der landwirtschaftlichen Nutzungsfläche gingen außerdem durch den Versailler Vertrag verloren. (...) Dieser Raum ist zu knapp, als das er gleichzeitig den gesamten Ernährungs- Spinnstoff- und Holzbedarf des deutschen Volkes decken könnte. Andererseits ist ein umfassender Landbedarf für die kommenden Siedlungsnotwendigkeiten (...) vorhanden. Hier muß der entsprechende

---

131 Vgl. Karl Heinz Roth: "Das Arbeitswissenschaftlich Institut der Deutschen Arbeitsfront und die Ostplanung", in: Mechtild Rössler/ Sabine Schleiermacher (HG): "Der 'Generalplan Ost' - Hauptlinien nationalsozialistischer Planungs- und Vernichtungspolitik", Berlin 1993, S. 213 - S. 225, S. 222f.

132 Vgl. Dieter Münk a.a.O., S. 434.

133 Vgl. Heinrich Dörr a.a.O., S. 270f.

Ausgleich gefunden werden, der allen völkischen Lebensbedürfnissen gerecht wird."[134]

Auch auffällig ist die häufige und stillschweigende Miteinbeziehung der im Vertrag von Versailles abgetretenen Gebiete in geographische Betrachtungen, insbesondere ins Kartenmaterial. Die veröffentlichten Raumplanungen (insgesamt) gingen der Wehrmacht also nicht voraus, sondern hinterher, allerdings nur wenige Wochen, was auf eine planerische Vorbereitung deutet. Von der Reichsstelle für Raumordnung sind zudem keine Planungen im Zusammenhang mit laufenden Feldzügen und insbesondere keine Ostplanungen überliefert.

Die der "fechtenden Truppe" folgenden "Planer" waren also nicht (oder nicht mehr) in der Reichsstelle organisiert, die doch die zentrale Raumplanungsinstitution sein sollte, deren weitere Entwicklung also zur Erklärung dieses Umstands untersucht werden muß.

Die gesamtstaatliche Kontrolle der in den Siedlungsverbänden entwickelten Raumplanung durch die Auflösung dieser Verbände und die Gründung der Reichsstelle für Raumordnung sollte - wie in Abs. 2.2. gezeigt - die gesamtstaatliche Regulation infrastruktureller Interessen etablieren. Das gelang auch insofern, als die Raumplanung nun nicht mehr unmittelbar (!) an bestimmte Kapitalgruppen, die ja noch die Siedlungsverbände dominierten, gebunden war. Diese fortschreitende Institutionalisierung bewirkte also die Nutzbarmachung der Raumplanung abseits jedweder Branchenspezifik. So war z.B. der Dr.- Helmuth- Plan (dessen Vorarbeiten schon ab 1935 begannen) nicht mehr unmittelbar an die Interessen bestimmter Industriezweige geknüpft; aber es war ein Regionalplan. Die Initiative für operative raumplanerische Maßnahmen lag jetzt meist bei der Regional- und Landesplanung. Raumplanung wurde zum Instrument und Schnittpunkt von Regionalinteressen. Der per Führererlaß zugewiesene Aufgabenbereich "übergeordnete Planung des deutschen Reiches" beschreibt also mehr die Freude der Nazis über dieses neue Instrument als dessen tatsächliche Funktion. Für flexible Umgestaltungsmaßnahmen galt sie damals schon als zu schwerfällig und hatte zudem mit Kompetenzstreitigkeiten innerhalb der politischen Führung zu kämpfen.[135]

---

134 Hans Merkel: "Reichsnährstand und Raumordnung", in: Raumforschung und Raumordnung 1/ 1936, S. 12 - S. 15, S. 14.

135 Vgl. Elke Pahl- Weber: "Die Reichsstelle für Raumordnung und die Ostplanung", in: Mechtild Rössler/ Sabine Schleiermacher (HG): "Der 'Generalplan Ost' - Hauptlinien der nationalsozialistischen Planungs- und Vernichtungspolitik", Berlin 1993, S. 148- 153. S. 148ff.

Insbesondere wurden der Reichsstelle keine kriegstauglichen Planungen zugetraut, da sich innerhalb dieser eben die Landesplanungen zusammenfassenden Behörde die unterschiedlichen regionalen Interessen der jeweiligen Gauleiter widerspiegelten, die schon bald nach ihrer Gründung die Bedeutung der Reichsstelle erkannt hatten und auf ihre Entscheidungen Einfluß zu nehmen suchten.

"Insgesamt reichte das Planungsinstrumentarium der Reichsstelle aber nicht aus, um den Gauleitern auf ihre Region bezogene Planungen zu untersagen."[136]

Die gesamtstaatliche Kontrollfunktion der Raumplanung durch die Reichsstelle für Raumordnung ging also nicht soweit, daß die Raumplanung damit einem zentralen Befehl unterstanden hätte, womit aber die Reichsstelle für die Planung der Außenexpansion untauglich war. Die solches durch eigene Raumplanungen hintertrieben, eben die Gauleiter, zählten nun ihrerseits zu den Stützen des Regimes und konnten nicht einfach entmachtet werden. Parallelorganisationen mußten her; die Reichsstelle konnte keine effektiven Kriegsvorbereitungen bewerkstelligen. Die in der Reichsstelle für Raumordnung arbeitenden Fachleute wurden aber selbstverständlich in die Kriegsplanungen miteinbezogen, nur eben unter einem anderen organisatorischen Dach.

"Die Reichsstelle für Raumordnung stellte rassepolitische Gesichtspunkte (die Autorin betrachtet hier die ideologischen Unterschiede, M.B.) weniger ins Blickfeld ihrer Betrachtungen und betrieb eher ein technokratisches Planungsgeschäft. Einzelne Mitarbeiter der Reichsstelle für Raumordnung waren aber an entsprechenden Planungen und Vorhaben beteiligt. (...) Insgesamt hat die Reichsstelle für Raumordnung in der Ostplanung kaum eine Rolle gespielt. Dennoch hatten die einzelnen Landesplanungsgemeinschaften rege Kontakte in den Osten."[137]

Dort konnten sie dann mithelfen, die gewünschte Okkupationspolitik in administrative Maßnahmen umzusetzen. Die Analyse der Gründung der Reichsarbeitsgemeinschaft für Raumforschung im Herbst 1936 (Obmann: Konrad Meyer) läßt dies noch einmal deutlich werden.

---

136 Ebd., S. 148.
137 Ebd., S. 152.

6.2. Vierjahresplanbehörde und Reichsarbeitsgemeinschaft für Raumforschung

Diese Reichsarbeitsgemeinschaft für Raumforschung sollte die Koordination der 42 extra hierfür um- oder neugegründeten Hochschularbeitsgemeinschaften[138] leisten und darüber hinaus diese Koordination für die Vierjahresplanbehörde Görings dienstbar machen, zu deren Verfügung sie eigentlich gegründet wurde.[139]

Für diese Reichsarbeitsgemeinschaft wird auch die Zeitschrift Raumforschung und Raumordnung gegründet, womit die Raumplanung in Deutschland erstmalig ein zentrales Medium erhielt. Herausgegeben wurde sie in Berlin von Konrad Meyer (später von Paul Ritterbusch); ihr "Hauptschriftleiter" (etwa: Chefredakteur) war Frank Glatzel. Diese Zeitschrift war von Anfang an Medium aller Raumplaner, insbesondere auch der der Reichsstelle, die darin regelmäßig veröffentlichten.[140]

"Als ordentlicher Professor (...) leitete er (Konrad Meyer, M.B.) die im Zusammenhang mit dem Vierjahresplan gegründete Reichsarbeitsgemeinschaft für Raumforschung bis zum Jahr 1940. Die Reicharbeitsgemeinschaft für Raumforschung entwickelte die Raumordnung zu einem wissenschaftlich fundierten Instrument staatlicher Planung. Sie gewann erheblichen Einfluß und Hitler ordnete sie schließlich dem Reichsministerium für kirchliche Angelegenheiten zu, das ihm in besonderer Weise unterstand."[141]

Mit der Reichsarbeitsgemeinschaft wurde also im Herbst 1936 eine zweite gesamtstaatliche Raumplanungsinstitution (sicherlich mit Forschungsschwerpunkt, was aber bei dieser Disziplin nicht das entscheidende Kriterium ist) an der Reichsstelle für Raumordnung vorbei gegründet und mit ihrer Aufgabenstellung an die Vierjahresplanbehörde gebunden.

---

138 Vgl. Konrad Meyer in seinem Eröffnungsvortrag in Raumforschung und Raumordnung, 1/ 1936, S. 3ff.:
"Diese Organisationsform der Forschung - von hoher Stelle aus geschaffen - ist (...) erstmalig und neu. Es ist der kühne Versuch, den nationalsozialistischen Gedanken der Gemeinschaft und Zusammengehörigkeit (...) auch in der Wissenschaft wirksam werden zu lassen."

139 Vgl. Hermann Göring in seiner Grußadresse in Raumforschung und Raumordnung 7/ 1938

140 Anm.: Diese Quelle ist gut zu finden in der Fachbereichsbibliothek Geographie sowie in der der Soziologie.

141 Götz Aly/ Susanne Heim a.a.O., S. 156.

Diese Vierjahresplanbehörde war das von Göring zum Zwecke der Durchsetzung des (2.) Vierjahresplans geschaffene Zentralbüro und damit die Schnittstelle zwischen Wissenschaft, Wirtschaft und Wehrmacht. Raumplanung sollte und wurde Teilfunktion bei der Planung und Durchsetzung des (2.) Vierjahresplans.

Der (2.) Vierjahresplan war die eigentliche Kriegsankündigung des Naziregimes, in der die Kriegsfähigkeit des Deutschen Reiches in wirtschaftlicher und militärischer Hinsicht binnen eines Zeitraums von vier Jahren als verbindliches politisches Ziel festgelegt wurde.

Die dazugehörige Behörde sollte die Transformation der kriegerischen Ziele in einzelne Planungsmaßnahmen leisten, die Reicharbeitsgemeinschaft für Raumforschung war dazu anfangs ein (!) wichtiger Brain- Trust, ihre Zuarbeit wurde mit der Zeit immer konkreter. Soweit expansionistische Planungen gefordert waren, war die Reichsarbeitsgemeinschaft die Brücke der Vierjahresplanbehörde zu der planenden und forschenden Intelligenz an den Hochschulen.[142]

Dazu hatte die Vierjahresplanbehörde einen Generalrat (Vorsitz: Göring) und verschiedene Abteilungen, unter anderem eine Planungsabteilung (Vorsitz: Hans Kehrl, bis er ins Rüstungsministerium wechselte), die den Kontakt zu den Raumplanern der Reicharbeitsgemeinschaft für Raumforschung sicherte.

Planungen für die Vierjahresplanbehörde unterlagen von Anfang an der Geheimhaltung und sind heute (sofern nicht vernichtet) hauptsächlich im Berlin Document Center gelagert. Die Veröffentlichungen in der Zeitschrift Raumforschung und Raumordnung sind weiterhin allgemein gehalten und tragen den Charakter der Zuarbeit. Besondere Aufmerksamkeit wird der süd/osteuropäischen landwirtschaftlichen Besitz- und Produktionsstruktur, der Metallurgie und der dortigen Kleinindustrie gewidmet. Angesichts des immer wahrscheinlicher werdenden Krieges und besonders seit seinem Beginn wurde die Vierjahresplanbehörde zu *dem* übergeordneten Planungsinstrument im Deutschen Reich.

"Bis 1939 vermieden die Staaten Südosteuropas (so gut das noch ging, M.B.) eine einseitige wirtschaftliche Ausrichtung und exportierten einen Teil der Inlandsproduktion nach England und Frankreich. Mit Beginn des Krieges änderte sich dies radikal. Deutschland unterband den Export in die gegnerischen Staaten. Der Großwirtschaftsraum, der sich mit den üblichen (falsch, das Prinzip von Zwangsanleihe und Clearingzentrale war neu, M.B.) wirtschaftlich-

---

142 Vgl. Frank Glatzel a.a.O., S. 147f.

imperialistischen Mitteln als politisch nicht durchsetzbar erwiesen hatte, wurde nun mit militärischer Gewalt erzwungen."[143]

Den Zielen und Konzepten des Mitteleuropäischen Wirtschaftstags fügte die Vierjahresplanbehörde das Ziel der "wehrwirtschaftlichen Blockdesicherheit" hinzu.[144]

In Zusammenarbeit mit dem Reichswirtschaftsministerium (über den Verbindungsmann Gustav Schlotterer) wurden die gewünschten Produktionsumstellungen und Kapitalverflechtungen abgestimmt.[145]

Über die einzelnen Maßnahmen können Rückschlüsse nur aus Lageberichten der Besatzer gezogen werden. Und danach hatten die Landwirte in Süd/Osteuropa nur ein sehr geringes Interesse an der "wehrwirtschaftlichen Blockadesicherheit" des Deutschen Reiches: Sie boykottierten die die Produktion der für den Export nach Deutschland vorgesehenen Ertragsmengen durch Subsistenzwirtschaft und passiven Widerstand.[146]

6.3. Himmler, der Reichskommissar für die Festigung deutschen Volkstums

Thema dieses Abschnitts ist die Einbindung der Raumplanung in die Oststrategie der SS, es wird das Gebiet der Hauptaktivitäten behandelt. Diese Oststrategie der SS weist einen grundsätzlichen Unterschied in der Behandlung der osteuropäischen Städte und des osteuropäischen Landes auf; dementsprechend ist dieser Abschnitt gegliedert.

6.3.1. Das polnische Land als Planungsraum

Bereits einen Monat nach dem deutschen Überfall auf Polen erschien in der Oktoberausgabe der Zeitschrift Raumforschung und Raumordnung ein Artikel[147], der die kriegswichtigen Forschungsvorhaben definierte. Anfang 1940

---

143 Götz Aly/ Susanne Heim a.a.O., S. 337.

144 Vgl. Ebd., S. 340.

145 Vgl. Ebd.

146 Ebd., S. 350.

147 Leiter der Reichsarbeitsgemeinschaft: "Das kriegswichtige Forschungsprogramm der Reichsarbeitsgemeinschaft für Raumforschung", in: Raumforschung und Raumordnung 10/ 1939, S. 502f.:
"2. Untersuchung über die Möglichkeiten der Stärkung und Befestigung des deutschen Volkstums und der Bildung neuen deutschen Volksbodens im deutschen Ostraum. (...) Untersuchung über die Aufnahmen an deutscher Bevölkerung (...) auf landwirtschaftlicher Basis (...) Handwerk, Gewerbe und Industrie (...)."

folgte ein Beitrag des Chefredakteurs (sog. Hauptschriftleiter), der noch weitergehende Einblicke in die Zielrichtung der damaligen Raumplanung und ihre Einbindung in den Nationalsozialismus bietet:

„Durch die Neugestaltung der Verhältnisse im Osten haben wir neue Siedlungsgebiete gewonnen, deren Gestaltung uns (...) die größten Aufgaben stellt. (...)

Es gilt, diese neu- und wiedergewonnenen Provinzen zum festen Bestandteil unseres Volksbodens und Lebensraums zu machen, sie mit deutschen Menschen zu besiedeln und sie in einem großen Kolonisationsakt mit dem Mutterlande zu verbinden. Geht schon hieraus hervor, daß die Entwicklung im Zusammenhang mit der gesamten Wirtschafts- und Sozialstruktur gesehen werden muß, so ist darüber hinaus zu beachten, daß die neuen Grenzen Deutschlands und die gesteigerte Macht des nationalsozialistischen Reiches im europäischen Raum für die wirtschaftliche und kulturelle Entfaltung unseres Volkes völlig neue Ansatzpunkte schafft.

Der Aufbau der neuen Siedlungsstruktur muß seine Kraft aus den völkischen Reserven des Altreichs einschließlich der Ostmark und der sudetendeutschen Gebiete ziehen (...).

Um der Bedeutung dieser einmaligen Siedlungsaufgabe willen hat der Führer in der Person des Reichsführers SS, Himmler, mit der Bezeichnung 'Reichskommissar für die Festigung deutschen Volkstums' durch seinen Erlaß vom 7. 10 1939 einen mit besonderen Vollmachten ausgestatteten Kommissar eingesetzt, dem außer der Rückführung der Deutschen aus dem Ausland und außer der Ansiedlung geeigneter kolonisatorischer Kräfte aus dem Altreich auch die Gestaltung der neuen Siedlungsgebiete übertragen ist.

Er führt diese Aufgabe in engster Zusammenarbeit mit allen hierfür in Frage kommenden Stellen von Partei und Staat durch und insbesondere in engster Zusammenarbeit mit dem Leiter der Reichsstelle für Raumordnung. Die im Kriegsprogramm[148] der Reichsarbeitsgemeinschaft für Raumforschung vorgesehene Hauptaufgabe II, 'Untersuchung über die Möglichkeiten der Stärkung und Festigung deutschen Volkstums und der Bildung neuen deutschen Volksbodens im deutschen Ostraum, ist auf diese größte deutsche Kolonisationsaufgabe unserer Zeit ausgerichtet und steht unmittelbar in ihrem Dienst."[149]

---

148 Ebd.
149 Frank Glatzel a.a.O., S. 147f.

Die (Selbst)Ernennung Himmlers datiert auf den 7. 10. 1939; die sog. Hauptaufgaben der Reicharbeitsgemeinschaft für Raumforschung waren schon genau definiert und mit der sonstigen Kriegszielplanung abgestimmt - dies muß schon deutlich vor dem 1. 9. 1939 begonnen worden sein. Bemerkenswert ist die Wandlung der politischen Konzeption in der Ausplünderung fremder Länder; sollten die Länder Südosteuropas noch in einen Ergänzungsverkehr hineingepreßt werden, aber ansonsten unverändert bleiben, so soll im Gegensatz dazu Polen gänzlich vernichtet werden.

Und auch hier, gemeint ist das gerade überfallene Polen, wird der Zusammenhang zwischen innerer und äußerer Kolonisation überdeutlich:

"Die Aufgabe der Gewinnung von Siedlern für den Osten hängt auf das engste mit der Gesundung derjenigen Agrargebiete zusammen, die entweder als Realteilgebiete oder aus sonstigen Gründen zu eng besetzt sind und geeignete Menschen abgeben können. Dabei ist (...) entscheidend, wie die auszusiedelnden Familien im Interesse der Ostsiedlung biologisch oder als Besitzer neuer Höfe hinsichtlich ihrer fachlichen Eignung (vulgo: politischen Ausrichtung, M.B.) beurteilt werden können. Nicht alle Familien, die vom Standpunkt der Sanierung (...) ihre zu kleinen Ackerstellen abzugeben haben, sind als Kolonisatoren für den Osten erwünscht. (...)

Entsprechend dem Ausgangspunkt der Überlegungen wurden die Untersuchungen zunächst in erster Linie für die Realteilungsgebiete angesetzt und daher Baden, die Rheinprovinz, Württemberg, Franken und das rhein- mainische Gebiet für die Untersuchungen in Aussicht genommen. Sehr bald zeigte sich, daß die Arbeiten weiter ausgedehnt werden müssen. (Wer will schon zu kurz kommen, M.B.) Die Saarpfalz, Hessen, Westfalen, Thüringen, Hannover und ganz Bayern wurden im Frühjahr dieses Jahres (1940) neu in die Untersuchungen eingeordnet. Gegenwärtig besteht unter den beteiligten Stellen (und, so ist zu vermuten, nicht nur dort, M.B.) Einigkeit darüber, daß es notwendig ist, alle Landschaften des Reiches (...) einzubeziehen (...)"[150].

---

150 Ebd., S. 147f.

Es ist deutlich zu sehen, wie aus einem angeblichen Sanierungsprogramm für sog. Notstandsgebiete eine großangelegte Kolonisation geraubten Landes wird und zur Legitimation der Erfolg westeuropäischer Konkurrenten herangezogen wird:

> "Bekanntlich ist der neue Weltkrieg zu einem wesentlichen Teil eine Folge des Überdrucks, den die monopolistische Abschottung der Überseeländer gegen die Zuwanderung der europäischen (und japanischen) agraren Bevölkerungsüberschüsse erzeugt hat."[151]

Wieso ausgerechnet Polen? Dort waren deutsche Minderheiten ansässig, die sich schon früh als Sprungbretter[152] für weitere Expansion verwenden ließen, vor allem aber schien Polen die Möglichkeit zu bieten, es als zukünftige Kolonie zu verwenden.

Polen befand sich zur damaligen Zeit in einem schwierigen verspäteten Industrialisierungsprozeß mit all seinen typischen Problemen. Der Bevölkerungsgeograph würde die Situation als schwierigen demographischen Übergang bezeichnen, der durch eine träge halbfeudale Großgrundbesitzerklasse im Osten des Landes, sehr kleine Ackerstellen durch Realteilung im Westen, Kapitalmangel und der daraus resultierenden Armut noch verschärft wurde.[153]

Der normale Proletarisierungsprozeß wird in Osteuropa den Juden[154] als ihr Versäumnis (von Polen und Deutschen) angedichtet und von den Deutschen wie schon zu Malthus' Zeiten als Überbevölkerung definiert. Überbevölkerung ist dabei als politischer Kampfbegriff derjenigen zu sehen, die an einer Industrialisierung Polens kein Interesse hatten, dies zunehmend als "Judenfrage" definierten und aus der angeblichen Gefahr einer Bauernrevolution

---

151 Carl Brinkmann: "Das Problem der agraren Überbevölkerung in Europa", in: Arbeitstagung des Forschungsdienstes Dresden, Sonderheft 18, 1943, S. 58, zitiert nach: Götz Aly/ Susanne Heim a.a.O., S. 104.

152 Vgl. Hannah Arendt a.a.O., S. 344ff.

153 Vgl. Ekkehard Buchofer: "Polen: Raumstrukturen - Raumprobleme", Frankfurt a.M. 1981.
Vgl. Rainer W. Fuhrmann: "Polen: Geschichte, Politik, Wirtschaft", Hannover 1990.

154 Anm.: Diese wurden zunehmend aus ihrem traditionellen Gewerbe durch Staatsmonopole herausgedrängt. Auch Polen war zu dieser Zeit ein eindeutig antisemitisches Land.

nach russischem Vorbild, die Notwendigkeit politischen Handelns abzuleiten versuchten.[155]

Parallel zur Raumplanung entstand in Deutschland die moderne Bevölkerungswissenschaft.

Deren Credo war schon nach kurzer Zeit die Bevölkerungsreduktion und eben nicht eine fortgesetzte, eigenständige, flächendeckende Industrialisierung (Ost)Europas. Nur so ließ sich ein Kolonialstatus insbesondere Osteuropas schaffen und dann aufrechterhalten.

Die Empirie dazu lieferte schon seit den zwanziger Jahren das Institut für Osteuropäische Wirtschaft, welches 1933 von Theodor Oberländer (einem Nazi der 1. Stunde) übernommen wurde und dann Ton und Inhalt deutlich änderte.

"In ihrer Zielsetzung waren diese Forschungsorganisationen (es gab davon mehrere, das hier genannte ist für Polen das wichtigste, M.B.) politisch konservativ und deutschnational, auf den Kampf gegen die polnische Wissenschaft und auf 'Volkstumsforschung' ausgerichtet und hatten mit ihrer publizistischen Tätigkeit insbesondere Grenzrevisionen im Sinn."[156]

Diese empirischen Vorarbeiten waren später eine der wichtigsten Grundlagen der Raumplanungen, was an den häufigen Veröffentlichungen in der Zeitschrift Raumforschung und Raumplanung und auch der direkten Inkorporation einiger Mitarbeiter in die Raumplanung deutlich wird. [157] Parallel dazu definierte die Forschungsstelle der IG Farben - die Volkswirtschaftliche Abteilung mit Sitz in Berlin - seit 1933 in unverhüllter Form die Interessen der imperialistisch gesinnten Großindustrie (nicht nur) in dieser Region. Der Leiter dieser Abteilung Anton Reithinger kombinierte dann auch erstmalig die Vorstellungen des Mitteleuropäischen Wirtschaftstags (bei er dem ebenfalls

---

155 Vor allem Peter- Heinz Seraphim, ein Mitarbeiter Oberländers in: "Das Judentum im osteuropäischen Raum", Essen 1938.

156 Mechtild Rössler/ Sabine Schleiermacher: "Der 'Generalplan Ost' und die 'Modernität' der Großraumordnung. Eine Einführung", in: Mechtild Rössler/ Sabine Schleiermacher (HG): "Der 'Generalplan Ost' - Hauptlinien der nationalsozialistischen Planungs- und Vernichtungspolitik", Berlin 1993, S. 7 - S. 11, S. 9.

157 Vgl. Michael Burleigh: "Die Stunde der Experten", in: Mechtild Rössler/ Sabine Schleiermacher (HG): "Der 'Generalplan Ost' - Hauptlinien nationalsozialistischer Planungs- und Vernichtungspolitik", Berlin 1993, S. 346 - S. 350, S. 347.

mitarbeitete) mit dem "Bevölkerungsproblem" bei (zwangsweise) ausbleibender Industrialisierung.[158]

"Für die deutsche Expertokratie im besetzten Polen war (...) genau dies die Lösung der von Theodor Oberländer, Werner Conze (sog. Bevölkerungswissenschaftler, M.B.) und zahlreichen anderen Wissenschaftlern analysierten Probleme: Durch eine 'Verminderung der Volkszahl' sollte gleichermaßen der 'Bevölkerungsdruck' reduziert und Kapital zur Modernisierung der Wirtschaft akkumuliert werden, da das besetzte Polen sonst dem deutsch beherrschten 'Großraum zur Last fallen' würde. Die Tatsache, daß in einem Land die meisten Menschen nicht auf deutschem Produktivitätsniveau arbeiteten (...), beschrieben sie bald mit den Worten, daß in der polnischen Landwirtschaft jeder zweite Mensch nichts sei 'als toter Ballast'."[159]

"Die bevölkerungs- und strukturpolitischen Konzeptionen erarbeitete ein spezielles Planungsamt (die Hauptabteilung für Planung und Boden C33 , M.B.) innerhalb des Reichskommissars für die Festigung deutschen Volkstums. Dessen Leitung hatte Himmler dem Berliner Agrar- und Raumordnungsfachmann Konrad Meyer übertragen. Er beriet Himmler in allen agrar- und siedlungspolitischen Fragen. (...) Ihm oblag es, die grundlegende Planung für alle beteiligten Behörden zu erarbeiten und die Pläne der einzelnen Institutionen aufeinander abzustimmen. Praktisch nutzte der Reichskommissar für die Festigung deutschen Volkstums von Anbeginn an fast alle zivilen und wissenschaftlichen Planungseinrichtungen als Unterbau."[160]

Dazu gehörten die Landesplaner (an der Reichsstelle vorbei), die Planungsabteilung bei der Vierjahresplanbehörde und die Reicharbeitsgemeinschaft für Raumforschung.

Nur die Ausführung der Einzelmaßnahmen übernahm jetzt eine besondere Truppe: die SS. Und deren exekutive "Möglichkeiten" waren andere.

"Die zivilen Instanzen konnten nun davon ausgehen, daß sich fast jedes ihrer Konzepte, und sei es noch so utopisch, als machbar erweisen würde. (...) In der Zusammenarbeit zwischen den zivilen Instanzen und dem mit den exekutiven Möglichkeiten der SS aus-

---

158 Götz Aly/ Susanne Heim a.a.O., S. 69ff.

159 Ebd., S. 109.

160 Ebd., S. 156f.

gestatteten Reichskommissars für die Festigung deutschen Volkstums entwickelte sich eine wechselseitige Dynamisierung."[161]
Um den landwirtschaftlichen Grundbesitz im annektierten Westpolen zu konfiszieren, richtete der Reichskommissar für die Festigung deutschen Volkstums ein Zentralbodenamt ein, das zusammen mit den von der SS geführten regionalen Bodenämtern und unter Verwendung der schon angesprochenen Empirie, die Vertreibung[162] und Internierung oder Abschiebung per Kartierung praktikabel vorbereitete.[163]

Die Planung und Koordination lag also über den Reichskommissar für die Festigung deutschen Volkstums bei Konrad Meyers Hauptabteilung Planung und Boden. Die Ausführung übernahm die SS unter Leitung des Rasse- und Siedlungshauptamtes. Die Himmler direkt zugeordnete Hauptabteilung Planung und Boden hatte gegenüber allen Hauptämtern und sonstigen Dienststellen der SS strikte Befehlsgewalt.[164]

"Der Agrarfachmann Meyer dachte eingehend über die landwirtschaftliche Siedlungs- und Besitzstruktur nach. (...) Ebenso ließ er detaillierte Pläne ausarbeiten über die Elektrifizierung der ("eingedeutschten", M.B.) neuen Dörfer (...). In den Städten beabsichtigte Meyer eine 'völlige bauliche Umgestaltung'"[165]

Betriebsliquidationen, -zusammenlegungen, -arisierungen, Verkehrswegeplanung Energieversorgungsplanung, ein passendes Kreditsystem, alles das gehörte zum Aufgabenbereich des Reichskommissars für die Festigung deutschen Volkstums - und alles unter den Prämissen "Eindeutschung" und "Bevölkerungsreduktion."[166]

"Bereits im Oktober 1939 begannen dann die Vorbereitungen für die geplanten Aussiedlungsaktionen: Man legte Listen und Karteien an, bereitete Etappenlager vor, stimmte Eisenbahntransport-

---

161 Ebd., S. 158.

162 Anm.: Über diese Vertreibungen gibt es in Polen viele Berichte; hierzulande sind sie nicht Gegenstand des öffentlichen Diskurses. Vgl. Czeslaw Madajczyk: "Die Okkupationspolitik Nazideutschlands in Polen 1939 - 1945", Köln 1988.

163 Vgl. Götz Aly/ Susanne Heim a.a.O., S. 147f. und 156f.

164 Vgl. Ebd., S. 129.

165 Ebd., S. 159.

166 Vgl. Ebd., S. 126.

pläne ab und nahm Geländeinspektionen vor. Auch der erst Nahplan wurde erarbeitet."[167]

"Nach einem ersten 'Nahplan' wurden im Dezember 1939 mehr als 160000 polnische Bürger vertrieben (...) und in einem zweiten Nahplan sollten im Frühjahr 1940 400.000 den (anzusiedelnden M.B.) Baltendeutschen weichen. Insgesamt ging es um knapp 7 Millionen Menschen (...)."[168]

In den annektierten Gebieten Westpolens sollten also die Juden und ein Teil der Polen verschwinden und durch deutsche Siedler ersetzt werden (siehe dazu das Eingangszitat dieses Abschnitts), gleichzeitig sollte die Bevölkerungsdichte gesenkt und so das Gebiet zu einer Kornkammer Deutschlands gemacht werden.

Und nur Raumplaner schienen diesen Beraubungswunsch - durch die Verbindung von Gesellschaft, Ökonomie und Geographie - in administrative Maßnahmen umsetzen zu können.

Bei den allgemeinen politischen Besiedlungsplänen der annektierten polnischen Gebiete kam es immer zu (zeittypischen) Konkurrenzen verschiedener staatlicher/ öffentlicher Organisationen (Deutsche Arbeitsfront, Wehrmacht, Reichsernährungsministerium, Reichsgruppe Industrie, etc.) die alle ihre eigenen Vorstellungen über die Verteilung der Kriegsbeute durchzusetzen suchten.

Konrad Meyers Aufgabe war nun die weitestgehende Koordination all dieser Vorstellungen in einem Raumplan, mit dessen Hilfe sein Vorgesetzter Himmler die politische Initiative übernehmen konnte.[169]

Die Funktion der Raumplanung bestand hier also in der Koordination der schon von den Einsatzgruppen begonnenen Vertreibung an sich und mit allgemeinen Strukturplänen; und sie übte eine zentrale Funktion aus.

---

167 Czeslaw Madajczyk: "Die Okkupationspolitik Nazideutschlands in Polen 1939 - 1945", Köln 1988, S. 407.

168 Rolf Dieter Müller: "Hitlers Ostkrieg und die deutsche Siedlungspolitik", Frankfurt a.M. 1991, S. 15.

169 Vgl. Ebd., S. 89f.

6.3.2. Die polnische Stadt als Planungsraum, dargestellt an den Beispielen Posen und Lodz.

"Die große Aufgabe der Neuordnung dieser Gebiete ist es, in beiden Gebietsteilen (sog. Warthegau und sog. Protektorat, M.B.), eine gesunde Verfassung der Landwirtschaft herzustellen und daneben zugleich (...) eine bodenständige, gesund verteilte gewerbliche Wirtschaft aufzubauen. Nur wenn der Osten selbst den Anteil an der gewerblichen Wirtschaft des Reiches erhält, der der Tragfähigkeit seiner landwirtschaftlichen und biologischen Grundlagen entspricht, kann sich seine Gesamtbevölkerung und damit seine ganze Lebenskraft und sein Lebensstandard dem Reichsdurchschnitt so weit annähern, daß es sich dem Reich wirklich eingliedert."[170]

Selbstverständlich wußten also auch die beteiligten Planer, daß ohne den Erhalt einiger städtischer Zentren samt Restindustrien ihre ökonomische Rechnung bei der Kolonisierung nicht aufgehen würde, weshalb sie diese Zentren sehr zügig als Planungsraum erfaßten.[171]

---

170 Josef Umlauf: "Zur Stadtplanung in den neuen deutschen Ostgebieten", in: Raumforschung und Raumordnung 3/4//1941, S. 100 - S. 122, S. 101ff.
Anm.: Dennoch darf man sich vom Ton des oben Zitierten nicht täuschen oder zu einer Diskursanalyse verleiten lassen. Im selben Artikel vom April 1941 entwickelt Josef Umlauf (weiter unten) ein theoretisch abstraktes Modell zur Stadtplanung. Er verficht ein modifiziertes Trabantenstadtmodell mit scharfer räumlicher Abgrenzung zur landwirtschaftlichen Umgebung, das von Kollegen heftig kritisiert wurde. Umlauf ergeht sich auf mehr als 20 Seiten über:
"Die Idee der Stadt", "Stadtbild und Landschaft", "Grundlagen der Gestaltung aus dem inneren Aufbau", "Die Bauten der Gemeinschaft", "Das Wesen der Planung besteht darin, aus der Erkenntnis der Grundkräfte und Funktionen - ausgehend von einem allgemeinen Prinzip - die besondere Lösung in der Bedingtheit der Wirklichkeit zu finden."
Die von den Raumplanern aufgestellten **Theoreme** dieser Zeit glänzen häufig durch Beliebigkeit; durchgesetzt wurde dann von allen gemeinsam die geplante Beraubung.

171 Anm.: Sie bezogen sich dabei ausdrücklich auf Walter Christallers Theorie der zentralen Orte.
Vgl. Josef Umlauf a.a.O., S. 103.
Vgl. Rolf Dieter Müller: "Hitlers Ostkrieg und die deutsche Siedlungspolitik", Frankfurt a.M. 1991, S.59 ff.

"Bereits im Oktober 1939 wurde Willi Richert (aus Wien, wo er sich profilieren konnte, abgezogen M.B.) nach Posen geschickt."[172] Dort traf er sich am 24. Januar 1940 mit Konrad Meyer und einem Vertreter der SS zwecks Absprache des weiteren Vorgehens bei der "wirklichen Eingliederung".

"Die Formulierungen des Protokolls entsprachen fast wörtlich dem, was die etwa gleichzeitig verfaßte Denkschrift (...) unter dem Titel 'Planungsgrundlagen für den Aufbau der Ostgebiete' (in der Einleitung dieser Arbeit zitiert M.B.) verbreitete. Diese Planungsgrundlagen nannten die Städte nur am Rande als 'natürliche Marktmittelpunkte' (...) . Denn im Mittelpunkt der 'Neugestaltung der Ostgebiete' stand ohne Zweifel das 'Bauerntum'."[173]

Die Stadt Posen war allerdings auch als deutsches Verwaltungs- und Provinzregierungszentrum ausersehen und erhielt ihren Gesamtbebauungsplan von der neuen Abteilung Raumplanung und Städtebau schon am 3. Mai 1940. Vertreibung und Zeichenblattästhetik[174] waren Kennzeichen dieses Plans.[175] Zugeordnet wurde die eigens für die Städte gegründete Abteilung Raumplanung und Städtebau der Hauptabteilung für Planung und Boden (C33) beim Reichskommissar für die Festigung deutschen Volkstums; den Vorsitz hatte seit Mai 1940 der Oberbaurat Josef Umlauf.

Der schrieb nach dem Krieg (schon wieder einer der wichtigsten Raumplaner in der BRD) die offizielle Institutionsgeschichte, verlor allerdings zwischen Kriegsende und Kapitulation sein Gedächtnis und kann sich an die Planungsgrundlagen seiner Arbeit leider nicht mehr erinnern.[176]

Sonst hätte er sich auch an die Planungen für Lodz erinnern müssen. Das damalige Lodz war eine junge Industriestadt, erst zu Beginn des 19. Jahrhunderts aus einer kleinen Niederlassung von Tuchmachern entstanden,

---

172 Niels Gutschow: "Stadtplanung im Warthegau 1939 - 1944", in: Mechtild Rössler/ Sabine Schleiermacher (HG): "Der 'Generalplan Ost' - Hauptlinien nationalsozialistischer Planungs- und Vernichtungspolitik", Berlin 1993, S. 232 - 258, S. 232.
Anm.: Formal war er noch der Gauleitung unterstellt.

173 Ebd., S. 233.

174 Vgl. Czeslaw Madajczyk a.a.O., S. 434.
Anm.: Das Stadtbild sollte die Form einer Urne erhalten.

175 Vgl. Niels Gutschow a.a.O., S. 234f.

176 So Josef Umlauf gegenüber Niels Gutschow am 09. Juli. 1989, kurz vor Umlaufs Tod.
Vgl. Niels Gutschow a.a.O., S. 257.

gemeinsam aufgebaut von Polen, Juden und Deutschen und wurde im September 1939 von der Wehrmacht besetzt.

Nach einigen Auseinandersetzungen wurde auf Eindeutschung statt vollständiger Zerstörung entschieden und ein Generalbebauungsplan erstellt. Zuerst wurde am 29. Februar 1940 im nördlichen Stadtgebiet das erste jüdische Ghetto auf polnischem Boden errichtet und planmäßig mit den Umsiedlungen begonnen, die von SS und Bauverwaltung gemeinsam durchgeführt wurden und bei der zügig Erfolge zu vermelden waren.[177] Hier erfährt also auch die antisemitische Gewalt eine erneute Radikalisierung und die Raumplaner waren daran beteiligt.

> *"Darüber hinaus haben die Leistungen der deutschen Verwaltung schon jetzt das Gesicht der Innenstadt derart verändert, daß nicht mehr von einer polnischen Stadt gesprochen werden kann. Wesentlich für die Eindeutschung der Kernstadt ist der Ablauf der Wohnungsfrage. Da infolge der Kriegsverhältnisse an einen schnellen Neubau von Wohnungen im namhaften Umfang nicht gedacht werden kann, sind bereits im abgelaufenen Jahre über 8000 Wohnungen instandgesetzt und für deutsche Menschen nach deutschen Begriffen bewohnbar gemacht worden. Weitere 4000 Wohnungen gleicher Art sind in Arbeit und weitere 4500 Wohnungen sollen in der 2. Hälfte des Jahres 1941 der Umwandlung unterzogen werden, so daß rund 17000 neue deutsche Wohnungen im Kern bis Jahresablauf neu mit deutschen Menschen besetzt sind. In den neuen Geschoßwohnbaugebieten der Kernstadt finden 12 bis 14000 weitere Neubauwohnungen Platz, so daß über den bisherigen deutsche Wohnbesitz hinaus 30000 deutsche Wohnungen in Kürze im Kern vorhanden sind."*[178]

In Lodz wurden, außer einer kleinen Siedlung zweigeschossiger Häuser für deutsche Beamte, der Siedlung Stockhof- Süd im Nordosten der Stadt, keine Neubauwohnungen errichtet; die "Baumaßnahmen" waren spezieller:

> *"Im Zuge der vorgesehenen Sanierung und Auskernung der Innenstadt und der Verlegung der Industrie ist der erforderliche Grund und Boden seitens der Haupttreuhandstelle Ost und der Grundstücksgesellschaft der Stadt Litzmannstadt unentgeltlich zur Verfügung zu stellen. (...) Grundsatz bei der Sanierung und dem Neuaufbau der Stadt muß eine großzügige Behandlung bei der Vertei-*

---

177 Vgl. Niels Gutschow a.a.O., S. 240.

178 Schreiben von Wilhelm Hallbauer an Walter Bangert, zwei Planer in Lodz, vom 01. 02. 1941. Zitiert nach: Niels Gutschow a.a.O., S. 241.

lung des angefallenen jüdischen und polnischen Vermögens sein. Bürokratische und rechnerische Einwendungen dürfen in keinem Fall dem geplanten Vorhaben hemmend im Wege stehen. Ich ersuche alle beteiligten Dienststellen, diesen Grundsätzen des Reichskommissars für die Festigung deutschen Volkstums voll und ganz gerecht zu werden."[179]

"Die weiteren Planungen gingen davon aus, daß 300.000 Juden und 50.000 Polen ausgesiedelt werden sollten, um schließlich bei 300.000 polnischen Industriearbeitern auf insgesamt 700-800.000 Einwohner für das zukünftige Lodz zu kommen."[180]

Und Lodz hatte noch "Glück"; für Warschau wurde die Vernichtung penibel genau geplant.[181]

"Diese Planungskonzepte basierten auf Destruktion der bestehenden Gesellschaftsstrukturen. Die osteuropäische städtische Kultur sollte ausgelöscht (und nicht etwa inkorporiert, M.B.) werden."[182]

Die unverzichtbaren, auf komplementären Tausch angelegten Restindustrien und der Handel sollten und wurden ebenfalls in deutsche Hände überführt.[183] Deutlich wird hier ein genereller Unterschied im Gewaltpotential zu beispielsweise den Zielen des Mitteleuropäischen Wirtschaftstags.

Dieses Durch- und Nebeneinander verschiedenster Planungen ist nur ein scheinbares, denn dies alles wurde von dem Multimedium der Raumplanung, von Konrad Meyer (nach den Anweisungen Himmlers) koordiniert. Und dem Reichskommissar für die Festigung deutschen Volkstums war es noch besser als der Vierjahresplanbehörde gelungen, die verschiedensten plane-

---

179 Erlaß des Reichsstatthalters im Warthegau btr. Umgestaltung und Neuaufbau der Stadt Litzmannstadt. Zitiert nach: Niels Gutschow a.a.O., S. 252.

180 Niels Gutschow a.a.O., S. 239.

181 Vgl. Ebd., S. 257.

182 Mechtild Rössler/ Sabine Schleiermacher a.a.O., S. 10.

183 Vgl. Karl Heinz Roth: " 'Generalplan Ost' - 'Gesamtplan Ost'. Forschungsstand, Quellenprobleme, neue Ergebnisse", in: Mechtild Rössler/ Sabine Schleiermacher (HG): "Der 'Generalplan Ost' - Hauptlinien der nationalsozialistischen Planungs- und Vernichtungspolitik", Berlin 1993, S. 25 - 95, S. 53: "Daß die Wirtschaftsführer der Oststrategie der SS aus ureigensten Interessen sehr nahe standen wurde in jüngster Zeit (...) überzeugend nachgewiesen."

Anm.: Roth weist später noch auf die Beteiligung vor allem Hamburger Kaufleute an den Plünderungen in Polen hin und zeigt "eine Art informeller Auftragsdelegation" (S. 53).

rischen Ressourcen zu nutzen; so war es auch der Reichskommissar für die Festigung deutschen Volkstums, der die "Eindeutschung" in allen besetzten Gebieten in der Planung koordinierte und durchzuführen versuchte.[184]

6.4. Sonstige Raumplanungsinstitutionen

Gleichzeitig vervielfältigten sich die Planungsinstanzen unterhalb der Ebene des Reichskommissars für die Festigung deutschen Volkstums und der Vierjahresplanbehörde auch unabhängig von den Umsiedlungsaktionen, mit der die verschiedensten Organisationen und Institutionen des NS- Regimes auf die Raumplanung Einfluß zu nehmen suchten:

Das Rüstungsministerium Speers baute eine eigene Raumplanungsabteilung unter Vorsitz des früheren Mitarbeiters der Vierjahresplanbehörde Hans Kehrl auf.

Konrad Meyer war mit seinen Aufgaben bei der Reicharbeitsgemeinschaft für Raumforschung und beim Reichskommissar für die Festigung deutschen Volkstums offensichtlich noch nicht ausgelastet, und er war der gefragteste Planer im Nationalsozialismus. So wurde er in Personalunion Planungsbeauftragter für die Siedlungs- und Landesneuordnung beim:

- Reichsleiter für Agrarpolitik,
- Reichsminister für Ernährung und Landwirtschaft,
- Reichsbauernführer und Leiter des Siedlungsauschusses für die besetzten Ostgebiete.

Die Raumplanungen *für* die Wehrmacht (Kasernen, etc.) sind allseits bekannt und bezogen sich (überwiegend) auf das Reichsgebiet.[185] Wenig erforscht hingegen ist die Raumplanung *in* der Wehrmacht: Das Oberkommando der Wehrmacht unterhielt einen sog. Bevollmächtigten für Siedlungsfragen, der eng mit der Vierjahresplanbehörde und dem Reichskommissar für die Festigung deutschen Volkstums kooperierte. Diese Stelle hatte die Aufgabe, Siedlungen für Wehrmachtsangehörige zu planen und zudem ausscheidende Soldaten als Kolonisatoren zu gewinnen.

Das Reichskommissariat Ostland, das war die Okkupationsverwaltung für das besetzte Baltikum, unterhielt eine Abteilung für Raumordnung unter Vorsitz eines Dr. Werner Essen und erarbeitete Selektions ("Umvolkungs")- und Siedlungspläne:

---

184 Vgl. Götz Aly/ Susanne Heim a.a.O., S. 156ff.

185 Vgl. Wilhelm Stubbenrauch: "Raumordnung und Wehrmacht", in: Raumforschung und Raumordnung, 1/1937, S.11f.

"Zuständig für diese Planungsarbeiten, die neben starken wirtschafts- und verkehrspolitischen Komponenten auch in großem Umfang die Rassen- und Siedlungspolitik zu berücksichtigen hatten, war die Abteilung II/ Raum in der Behörde des Reichskommissariats Ostland unter Leitung von Werner Essen mit Gottfried Müller als Sachbearbeiter. (...)

Bereits im Frühsommer 1942 legte die Abteilung den voluminösen 'Strukturbericht über das Ostland', bestehend aus den Teilen 'Ostland in Zahlen' und 'Ostland- Atlas', vor, der unter Mitwirkung einer Vielzahl von deutschen Behörden und landeseigenen Stellen entstanden war. (...)

Dieser Strukturbericht bildete die entscheidende statistische und kartographische Grundlage für die kurze Zeit darauf fertiggestellte 'Raumordnungsskizze' (...). Dabei ging es ihm vorrangig um die für diese Gebiete vorgesehene Form der Herrschaftsausübung (...) sowohl zu deren sicherer Unterwerfung als auch unter dem Aspekt wirtschaftlicher Rentabilität."[186]

Und gerade in der Person des Vorsitzenden Dr. Werner Essen wird die seit dem Überfall auf Polen gewachsene Verschmelzung von Vernichtungspolitik und Raumplanungspolitik noch einmal exemplarisch deutlich - er war gleichzeitig Judenreferent.[187]

Auch die Regierung des sog. Generalgouvernements bildete eine Abteilung Raumordnung, gestützt auf die Vorarbeit des Instituts für deutsche Ostarbeit als wichtige empirische Grundlage.[188]

Später wurde für den Distrikt Warschau eine eigene Raumplanungsabteilung (Leiter: Friedrich Gollert) gegründet, die wesentlich für das Elend im dortigen Ghetto verantwortlich war.[189]

Diese fast grotesk anmutende - und bis heute nicht vollständig recherchierte - Ausweitung der Planungsstellen deutet auf einen zunehmenden Bedarf. Es waren wohl die Raumplaner, die als einzige das nazistische Programm in

---

186 Martin Seckendorf: "Die 'Raumordnungsskizze' für das Reichskommissariat Ostland vom November 1942 - Regionale Konkretisierung der Ostraumplanung", in: Mechtild Rössler/ Sabine Schleiermacher (HG): "Der 'Generalplan Ost' - Hauptlinien der nationalsozialistischen Planungs- und Vernichtungspolitik", Berlin 1993, S. 175 - S. 188, S. 176ff.

187 Anm.: Mündliche Auskunft von Prof. Dr. Buchhofer, Fachbereich Geographie, der zu diesem Thema selber recherchiert.

188 Vgl. Dr. (ohne Vorname) Schepers: "Raumordnung", in: Dr. Max Freiherr von Prel (HG): "Das Generalgouvernement", Würzburg 1942, S. 203 - S. 214, S. 208f.

189 Götz Aly/ Susanne Heim a.a.O., S. 425.

administrative Maßnahmen umsetzen konnten. Und es war dann wieder Konrad Meyer, der all diese "Wünsche" in dem Generalplan Ost zusammenfaßte.

"Durch seine vielfältigen Aufgaben und Tätigkeitsfelder in unterschiedlichen Organisationen (...) hatte er all die Fäden in der Hand, die notwendig waren, um eine effektive Verbindung von Forschung (...) und deren Anwendung und Umsetzung im Rahmen der nationalsozialistischen Okkupationspolitik zu gewährleisten"[190]

6.5. Der Generalplan Ost

Schon mit dem Überfall auf die Sowjetunion und den darauffolgenden militärischen Erfolgen in der ersten Zeit wurden entsprechend der militärischen Lage auch die Planungshorizonte erweitert und radikalisiert.

"Er (der erste Generalplan, M.B.) entstand in einer Atmosphäre der Hoffnung auf einen Erfolg des Blitzkrieges und berücksichtigte die Erfahrungen bei der Erstellung und Realisierung der Siedlungs- und Aussiedlungspläne in dem Teil Polens, der dem Reich angegliedert wurde." [191]

Federführend auch hier der Reichskommissar für die Festigung deutschen Volkstums und koordinierend eben Konrad Meyer.

Dieser legte am 15. 07. 1941 die erste - und nie gefundene - Fassung des Generalplan Ost vor, dessen Inhalt nur aus Stellungnahmen dazu zu erschließen ist, die die Annahme nahelegen, daß es sich bei diesem Plan um das fehlende Bindeglied zwischen zweckrationaler Planung und Vernichtungskrieg handelt.

"Weitaus gravierender wirkt sich unsere Unkenntnis des (...) Generalplan Ost vom 15. Juli 1941 aus, den Konrad Meyers Institut (...) für das Stabshauptamt des Reichskommissars für die Festigung deutschen Volkstums erarbeitete. Solange er nicht aufgefunden oder überzeugend rekonstruiert ist, fehlt uns ein Schlüsseldokument zur Systematik der Beziehungen zwischen Vernichtung und Entwicklung in jenen entscheidenden Monaten, in denen die herr-

---

190 Mechtild Rössler/ Sabine Schleiermacher a.a.O., S. 8.

191 Czeslaw Madajczyk: "Vom 'Generalplan Ost' zum Generalsiedlungsplan'", in: Mechtild Rössler/ Sabine Schleiermacher (HG): "Der 'Generalplan Ost' - Hauptlinien der nationalsozialistischen Planungs- und Vernichtungspolitik", Berlin 1993, S. 12 - S. 19, S. 13.

schenden Eliten des deutschen Faschismus die kontinentaleuropäische 'Weltgeltung' erobert zu haben glaubten.

Besonders entmutigend erscheint jedoch die den SS- Planern möglicherweise gelungene Beseitigung aller Exemplare des RSHA[192]- Generalplan Ost vom Ende 1941/ Anfang 1942 sowie des darauffolgenden Gesamtplans Ost vom Frühsommer 1942, in denen offensichtlich die auf 20 bis 30 Jahre terminierte Genozidstrategie gegen die slawische Völker Osteuropas mit der gerade begonnenen Massenvernichtung der europäische Juden verknüpft war. Da die Programme (...) den Kern aller Debatten über den Zusammenhang von Rassismus und Wirtschaftsexpansion, von intellektueller Vernichtungs- und Planungseuphorie und nicht zuletzt von Tätern und Opfern berühren, sollte jeder nur erdenkliche Weg gegangen werden, um ihre Zielprojektionen dem Vergessen zu entreißen."[193]

Als Generalplan Ost ist also weniger ein einzelner Plan, als vielmehr die Verbindung fortlaufender Planungen[194] zu betrachten, die nun auf höherer Ebene in direkter Zusammenarbeit und nach den Vorgaben des Rasse- und Siedlungshauptamtes.

Die beschriebenen Quellenunsicherheiten haben schon recht frühzeitig zu spekulativen Deutungen in der historischen Forschung geführt. Dies begann eigentlich schon mit Konrad Meyers Verteidigung vor dem Nürnberger Kriegsverbrechertribunal, vor dem er die Relevanz dieser Planungen bestritt, mit der Auflistung verschiedener Pläne das Gericht in die Irre führte,[195] damit einen Freispruch in diesem Punkt erreichte und somit in der BRD ordentlicher Professor werden konnte.

---

192 Anm.: RSHA ist die Abkürzung für Rasse- und Siedlungshauptamt.

193 Karl Heinz Roth: " 'Generalplan Ost' - 'Gesamtplan Ost'. Forschungsstand, Quellenprobleme, neue Ergebnisse", in: Mechtild Rössler/ Sabine Schleiermacher (HG): "Der 'Generalplan Ost' - Hauptlinien der nationalsozialistischen Planungs- und Vernichtungspolitik", Berlin 1993, S. 25 - S. 95, S. 25f.

194 Vgl. Czeslaw Madajczyk: "Vom 'Generalplan Ost' zum Generalsiedlungsplan'", in: Mechtild Rössler/ Sabine Schleiermacher (HG): "Der 'Generalplan Ost' - Hauptlinien der nationalsozialistischen Planungs- und Vernichtungspolitik", Berlin 1993, S. 12 - S. 19, S. 12:
"'Generalplan Ost' ist jedoch keine eindeutige Bezeichnung. Sie erscheint zum ersten mal in den Dokumenten aus den Jahren 1940/41. Erarbeitet worden waren sie von dem Himmler unterstehenden Apparat (Hauptabteilung Planung und Boden, C33 M.B.), der die Planungsgrundlagen erstellte (...)."

195 Vgl. Ebd., S. 13.

Fortgesetzt wurde diese Linie 1958 durch Helmut Heiber, der die betreffenden Planungen als Hirngespinste darstellte.[196]

Seit etwa zehn Jahren ist wieder ein verstärktes Interesse an diesem Thema zu verzeichnen. Dieses hat leider auch zu äußerst spekulativen Deutungen insbesondere durch die Autoren Götz Aly und Susanne Heim[197] geführt, die hier keine weitere Beachtung finden, da sie in Kap. 7 genauer besprochen werden. Diese AutorInnen bringen aber auch einen wichtigen Hinweis zur Bedeutung des Generalplans: Dafür wurden von der Deutschen Forschungsgemeinschaft, die solches und noch viel mehr finanzierte, insgesamt eine Millionen Reichsmark ausgegeben. Zum Vergleich: Der KZ- Arzt Mengele erhielt zehn- bis zwanzigtausend Reichsmark für die von ihm geleiteteten Forschungen.[198]

Die Weiterbearbeitung dieser Planungen orientierte sich wieder an der militärischen Lage. Konrad Meyer legte am 28. Mai 1942 die nächste (erhaltene) Fassung des Generalplans[199] dem Reichskommissar für die Festigung deutschen Volkstums vor.

Neben der wirtschaftsgeographischen Empirie frappiert besonders die schon genau nach Achsen und Stützpunkten gegliederte Kolonisierungsplanung und die zudem enthaltenen Prognosen über den Fortgang der Massenvernichtung.[200]

Dazu gehörte auch die Vernichtung der großen Städte - insbesondere Leningrads - und die "Umsiedlung" von über 30 Millionen Menschen[201] mit der klaren Perspektive des möglichst zügigen Hungertods.

---

196 Vgl. Helmut Heiber: "Dokumentation: Der Generalplan Ost", in: Vierteljahreshefte für Zeitgeschichte 3/ 1958, S. 281 - S. 325, S. 283ff.

197 Vgl. Götz Aly/ Susanne Heim: "Vordenker der Vernichtung - Auschwitz und die deutschen Pläne für eine neue europäische Ordnung", Frankfurt a.M. 1991/ 1993.

198 Ebd., S. 438.

199 Vgl. Hauptabteilung Planung und Boden beim Reichskommissar für die Festigung deutschen Volkstums: "Generalplan Ost. Rechtliche, wirtschaftliche und räumliche Grundlagen des Ostaufbaus" zitiert nach: Karl Heinz Roth a.a.O., S. 68f.

200 Vgl. Czeslaw Madajczyk a.a.O., S. 14f.

201 Vgl. Ebd., S. 13:
"31 Millionen Menschen (...) wurden zu 'rassisch Unerwünschten' erklärt."

Und gerade die auf Vernichtung zielende Belagerung Leningrads, statt ihrer Einnahme, ist ein mehr als deutliches Indiz dafür, daß dieser Plan wirklich ernstgemeint war und nur die Rote Armee seine Durchführung verhinderte.[202]

7. Verschiedene Positionen zur Geschichte der Raumplanung

Was der Historiker Dietrich Eichholtz über die Wahrnehmung des Generalplans Ost schreibt, kann stellvertretend für die ganze Raumplanung im Nationalsozialismus gesagt werden. Zwar gibt es seit Mitte der 80er Jahre einige wenige Autoren, die zu diesem veröffentlichen, in der etablierten historischen Forschung ist dieses Thema jedoch unterrepräsentiert.

"Dennoch fällt es nicht schwer, eine ganze Reihe stark vernachlässigter Forschungsfelder der Generalplan Ost- Thematik aufzuzählen: etwa das Problem der Singularität einerseits, der imperialistischen Kontinuität der in ihm gipfelnden dreieinigen Politik von Rassismus, Eroberung und Gewalt andererseits; (...) den Zusammenhang zwischen Generalplan Ost und 'Neuordnung Europas' einschließlich der Problematik des 'Großgermanischen Reiches'; den Zusammenhang zwischen Generalplan Ost und 'Endlösung der Judenfrage' (...).

Die Rezeption und Verarbeitung der Generalplan Ost- Thematik in der Öffentlichkeit ist gleich Null. Das ist kein Wunder, wo doch maßgebliche Vertreter der etablierten Geschichtswissenschaft die Planungen als 'Tagtraum' (Heiber) und 'Schimäre' (Graml), als Ausfluß Hitlerscher 'Monomanie' (Hildebrand) kennzeichneten und ihre praktische Bedeutung leugnen oder herunterstufen; wenn das Interesse an echter Aufarbeitung abgelenkt wird durch die Wiederbelebung der Totalitarismus- These, besonders durch die verzerrende Gleichsetzung des NS- Völkermords mit den stalinistischen Verbrechen."[203]

Behandelt werden in diesem Kapitel also nur solche Ansätze, die die imperialistische Expansion explizit als geplant (im Sinne von Raumplanungen) darstellen.

---

202 Vgl. Ebd., S. 14:

"Das Interesse Himmlers an der Vorbereitung der endgültigen Fassung des 'Generalplans Ost' ging nach der Schlacht bei Stalingrad rasch zurück."

203 Vgl. Dietrich Eichholtz: Der 'Generalplan Ost' und die genozidale Variante der imperialistischen Ostexpansion", in: Mechtild Rössler/ Sabine Schleiermacher (HG): "Der 'Generalplan Ost' - Hauptlinien der nationalsozialistischen Planungs- und Vernichtungspolitik", Berlin 1993, S. 118 - S. 124, S. 118.

7.1. Die Selbstdarstellung der Disziplin

Da ist vor allen anderen der Mitarbeiter der Reichsstelle für Raumordnung, später der Reicharbeitsgemeinschaft für Raumforschung, der Zeitschrift Raumforschung und Raumordnung, Oberbaurat beim Reichskommissar für die Festigung deutschen Volkstums und enger Bekannter Konrad Meyers, eben Josef Umlauf, auch als Pensionär - nach seiner Weiterbeschäftigung in staatlichen Planungsinstanzen - noch bis mindestens 1986 zum Thema aktiv, der 1958 rückblickend formuliert:

"Es war überhaupt das Schicksal der Reichsstelle für Raumordnung, daß ihre Entwicklung nach einem schwungvollen Anlauf auf halben Wege abbrach und daß sie durch die Zeitumstände nicht nur in der Erfüllung ihrer Aufgaben behindert wurde, sondern daß auch ihre bedeutenden positiven Beiträge zur Entwicklung der Landesplanung mit dem Odium belastet wurden, das allen vom nationalsozialistischen Staat geschaffenen Institutionen anhaftete."[204]

Auf halbem Wege gestoppt und an der Erfüllung gehindert, sieht der Umvolkungsexperte noch 1958 die Raumplanung im Nationalsozialismus lediglich mit einem ihr abträglichen Odium belastet.[205] Über seine Leitungsfunktion bei der Unterabteilung für die polnischen Städt schreibt er nicht so gern. Seine diesbezüglichen Arbeiten sind für die Bearbeitung des gestellten Themas unbrauchbar, denn von einer in irgendeiner Form "mißbrauchten" Wissenschaft kann nun wirklich keine Rede sein.

Erst seit Mitte der 80er Jahre gibt es unter den jüngeren Raumplanern ein zunehmendes Interesse an der Geschichte der eigenen Disziplin, das allerdings seinen Ausdruck in der Darstellung einzelner Planungen findet; ihnen fehlt die Gesamtschau der Disziplin Raumplanung im Nationalsozialismus.[206]

---

204 Josef Umlauf: "Wesen und Organisation der Raumordnung", Essen 1958, S. 111.

205 Vgl. Niels Gutschow: a.a.O., S. 256.
Josef Umlauf behauptete bis zu seinem Tode 1989 von den Vertreibungen und Beraubungen keine Kenntnis gehabt zu haben. Und tatsächlich sind seine Veröffentlichungen zwar von völkischer Ideologie geprägt, Gewaltmaßnahmen wurden dort jedoch nie angekündigt oder gefordert. Dennoch war er entgegen seinen Beteuerungen genau daran wissentlich beteiligt.

206 Niels Gutschow, Gert Gröning, Elke Pahl- Weber und Koos Bosma in den Niederlanden bearbeiten die ihrem Arbeitsfeld im Berufsleben nahen Themen. Ihre Arbeiten wurden in den einzelnen Kapiteln berücksichtigt. Siehe dazu auch die Fußnoten und die Literaturliste.

7.2. Strukturalistische Ansätze

7.2.1. Die Unzulänglichkeit der Diskursanalyse

Populäre Deutungsmuster zum rationalisierten Raub sehen diesen und seine Rationalisierung - mit besonderem Bezug auf den Nationalsozialismus - als die Kehrseite der Moderne an. Diesen Modernisierungsdiskurs gibt es in zwei Ausführungen:

Da sind zum einen die klassischen Modernisierungstheorien, die sich hierzulande meist auf Dahrendorf beziehen (keine nennenswerten Veröffentlichungen zur Raumplanung) und zum anderen die strukturalistische Kritik der Moderne, wie sie zum Thema exemplarisch von Mechtild Rössler formuliert wird:

"Moderne - das sind widersprüchliche Prozesse: sowohl Industrialisierung und Agrartechnologie, als auch Agrarromantik, Taylorismus und Fordismus, neue Organisations- und Raumstrukturen; (...) damit sind auch neue Unterwerfungs- und Herrschaftsstrukturen verbunden, wie sie beispielhaft im 'Generalplan Ost' niedergelegt wurden."[207]

Die Autorin sieht in der Disziplin Raumplanung eine Entwicklung *des* NS:

"Zwischen 1935 und 1945 wurde mit den 42 Hochschularbeitsgemeinschaften für Raumforschung an den Universitäten eine neue Fächer- und Fakultäten übergreifende Disziplin institutionalisiert (...)." Mechtild Rössler sieht darin eine neue Wissenschaftskonzeption:

"Die Besonderheit dieser reichsweiten Arbeitsgemeinschaft (...) lag darin, daß sie - über den Gemeinschaftsgedanken als Strukturprinzip hinaus - den Ideen einer nationalsozialistischen, volksbezogenen Wissenschaft entsprach und dabei gleichzeitig umfassende zweckrationale, technokratische Forschung für Planungsaufgaben betrieben wurde."[208]

Die Entstehung und Entwicklung dieser Disziplin zeichnet sie dann durch die Analyse der internen Diskurse nach. Dabei unterscheidet sie vor allem zwi-

---

[207] Mechtild Rössler/ Sabine Schleiermacher a.a.O., S. 10.

[208] Mechtild Rössler: "Die Institutionalisierung einer neuen Wissenschaft im Nationalsozialismus - Raumforschung und Raumordnung 1935 - 1945", in: Geographische Zeitschrift 75, 1987, S. 177 - S. 194, S. 180.

schen der Position der Agrarromantik und der der ökonomischen Rationalisierung.[209]

In ihren Veröffentlichungen fehlt der Vergleich mit der amerikanischen Entwicklung gänzlich, denn ihre somit offensichtlich unzulängliche Untersuchungsmethode ist die Diskursanalyse.

"'Lebensraum', 'Ostraum', 'Großwirtschaftsraum' - schon das geographische, geoökonomische und geopolitische Vokabular verweist auf neue Raumdimensionen (Unfug, es verweist auf neue Planungsdimensionen, M.B.) und impliziert territoriale, militärische und ökonomische Expansion. Mit dem Beginn des 'Dritten Reiches' kam es zu einer Kulmination der verschiedenen Raumdiskurse, die bereits während des Kaiserreiches und der Weimarer Republik entstanden und an unterschiedliche Interessenkreise gebunden waren."[210]

Ähnliches attestiert sie auch für die Entwicklung der statistischen Methoden der Volkszählung, etc..

In ihrer strukturalistischen Sicht besitzt Wissenschaft keinerlei Rationalität außerhalb - im Sinne einer möglichen dialektischen Aufhebung - des sie erzeugenden Herrschaftskonzepts. Herrschaft wird im Strukturalismus als Macht untersucht; und die wird nicht als einer Klasse eigen, sondern als Gesamtwirkung strategischer Positionen (deren Diskurse deshalb zu analysieren sind) und vor allem zur Erhaltung ihrer selbst aufgefaßt.[211] Der Struktu-

---

209 Anm.: Diese Muster durchziehen sämtliche ihrer Veröffentlichungen.
 gl.: Mechtild Rössler: "Wissenschaft und Lebensraum - geographische Ostforschung im Nationalsozialismus, Ein Beitrag zur Disziplingeschichte der Geographie", Berlin, Hamburg 1990.

210 Mechtild Rössler/ Sabine Schleiermacher: "Der 'Generalplan Ost' und die 'Modernität' der Großraumordnung. Eine Einführung", in: Mechtild Rössler/ Sabine Schleiermacher (HG): "Der 'Generalplan Ost' - Hauptlinien der nationalsozialistischen Planungs- und Vernichtungspolitik", Berlin 1993, S. 7 - S. 11, S. 7.
 nm.: Eben dies ist ein gutes Beispiel für die Problematik dieses Ansatzes. Die Raumplanungen des Kaiserreichs bleiben ihr Geheimnis, die der Weimarer Republik aber bezogen sich auf die Probleme großer Industrieagglomerationen. Selbstverständlich wurde die dort geplante Straßenführung auch an der Aufstandsbekämpfung und ihren Notwendigkeiten orientiert, wie schon viel früher in Paris; selbstverständlich waren insbesondere die infrastrukturellen Wünsche der Großbetriebe ausschlaggebend für die Entstehung dieser Disziplin. Nur implizierte diese Disziplin nicht schon die Plünderung ganzer Kontinente.

211 Vgl. Michel Foucault: "Überwachen und Strafen", Frankfurt 1976, S. 38f.

ralismus fragt nicht nach dem "warum?", sondern nur nach dem "wie?" einer einzelnen konkreten Machttechnik. Der prinzipielle Mangel dieses Ansatzes: Er kann (ganz allgemein) nicht erklären warum der Nationalsozialismus überhaupt, zu seiner Zeit und an seinem Ort entstanden ist; er kann dementsprechend auch nicht erklären, wie eine Wissenschaft von der Strukturplanung im Ruhrgebiet zur Vertreibung von Polen fand; er kann zudem nicht erklären, warum in den USA neue Industrieansiedlungen mittels friedlicher Methoden projektiert wurden (eben nicht Planungstechnik des Imperialismus), während hier die geordnete Beraubung geplant wurde.

Diesen historischen Scheideweg in der Entwicklung der Raumplanung durch die Einbindung in den Imperialismus nicht erklären zu können ist - neben der untauglichen Fixierung auf Wissenschaftsgeschichte und Wissenschaftstheorie - aber ein derartiger Mangel, daß diesem Ansatz hier nicht zugestimmt werden kann.

7.2.2. Der soziologische Ansatz

Die zentrale Zusammenfassung und Aufarbeitung verschiedener Vorarbeiten unter dem Blickwinkel einer Soziologie des Raumes stammt von Dieter Münk: "Die Organisation des Raumes im Nationalsozialismus - eine soziologische Untersuchung ideologisch fundierter Leitbilder in Architektur, Städtebau und Raumplanung", Bonn 1993. Darin untersucht er, ob der Nationalsozialismus eine spezifisch nationalsozialistische Raumidee hatte und gena daraus die Organisation des Raumes ableitete. Nur soll dies allgemein unter dem Blickwinkel des Vergleichs verschiedener allgemeiner Herrschaftskonzepte geschehen.

"Dieser Wunsch, das soziale Verhalten der Menschen zu kontrollieren und zu steuern, indem mit den Mitteln der Architektur und der Stadtplanung, d.h. mit der systematischen Organisation des 'Lebensraumes' Nutzungspotentiale angeboten werden, die das Entstehen bestimmter Formen sozialen Verhaltens und bestimmter Wertestrukturen fördern oder verhindern, gehört zu den ältesten Visionen der Stadtplaner und Architekten."[212]

"Die von den Nationalsozialisten intendierte Organisation des Raumes, d.h. die Symbolisierung der 'Volksgemeinschaft' durch die immer zugleich auch einschüchternden 'Bauten der Gemeinschaft', konstituierte mit ihrem Wechselspiel von sozialer Integration und sozialer Exklusion (..) jenes 'Zusammenspiel von Anpassung und

---

212 Dieter Münk a.a.O., S. 13.
nm.: Er scheut dann nicht einmal einen Vergleich mit neueren Industriestädten in ehemals sozialistischen Ländern.

Ausmerze, von Ordnung und Terror', welches für den Nationalsozialismus so typisch war."[213]

Um dies weiter zu untersuchen rezipiert der Autor zuerst die klassischen Ansätze der Raumsoziologie und legt das Augenmerk besonders auf die frühen strukturalistischen Arbeiten (vor allem Halbwachs und Lévi- Stauss):

- Raum als Abbild der sozialen Gliederung; als Abbild des wichtigsten Teils des Wertesystems,
- Raum als kollektives Gedächtnis,
- die Machtdetermination des Raumes ermöglicht herrschaftliche Planung.[214]

Die herrschaftliche Raumplanung der Nationalsozialisten ist nach Münk der Versuch die für den Nationalsozialismus zentralen ideologischen Topoi der Reagrarisierung, der industriellen Dezentralisierung und allgemein der Großstadtfeindschaft unter der Prämisse der Volksgemeinschaft (samt faschistischer Korporation) umzusetzen, was seinen konzentriertesten Ausdruck in der häufig wiederkehrenden Formulierung "Großhof Deutschland" findet.[215] (Zu diesem Zweck unternimmt der Autor einen für diese Arbeit uninteressanten kunstgeschichtlichen Vergleich sämtlicher Planungskonzepte vor und weist deren Zivilisationsfeindschaft nach.) Aus seinem Ansatz folgt notwendig, daß er die rassistische Selektion, wie oben zitiert, als durch räumliche Gestaltung noch einmal manifestierte "soziale Exklusion" (samt deren mörderischer Konsequenz) beschreibt, aber kaum auf das Aneignungsinteresse verweist:

"Der Schritt von einer in der politischen Praxis zunächst diffus bleibenden 'Lebensraumpolitik' zu einer systematischen und wissenschaftlich fundierten Raumplanung als institutioneller und organisatorischer Zusammenfassung der 'Gesamtheit aller zur Erarbeitung, Aufstellung und Durchsetzung der erstrebten strukturräumlichen Ordnung eingesetzten Mittel' war eine wesentliche Voraussetzung zur Umsetzung des totalitären Anspruchs der Organisation des Raumes gemäß der ideologisch geprägten Vorstellungen des nationalsozialistischen Herrschaftssystems."[216]

---

213 Ebd., S. 15.
214 Vgl. Ebd., S. 20ff.
215 Vgl. Ebd., S. 405ff.
216 Ebd., S. 413.

Zur Analyse der Raumplanung vor allem im Kriegsverlauf greift dann auch Dieter Münk auf die Diskursanalyse, insbesondere auf die Auseinandersetzung zwischen kleinbürgerlicher Agrarromantik und technokratischer Rationalisierung zurück.[217]

7.2.3. "Vordenker der Vernichtung" ?

Die AutorInnen Aly/Heim behaupten einen Selbstlauf der (verschiedensten) Planungen und Planer (nicht zu Verwechseln mit der These einer sich verselbständigenden Aggressivität), welcher sich aufgrund der in der Wissenschaft und ihren Prämissen selbst liegenden Methoden und Möglichkeiten vollzogen haben soll und somit zum Holocaust führte:

> "Dabei handelt es sich um zwei Seiten derselben Konzeption: So wie zeitgenössische Anthropologen, Mediziner und Biologen die Ausgrenzung und Vernichtung 'Minderwertiger' anhand rassistischer Kriterien und anhand von Leistungsnormen als eine wissenschaftliche Methode zur Verbesserung der Menschheit - zur 'Gesundung des Volkskörpers' - begriffen, so meinten Ökonomen, Agrar- und Raumplaner an einer 'Gesundung der Sozialstruktur' (das korporative Prinzip, M.B.) in den unterentwickelten Regionen Deutschlands und ganz Europas arbeiten zu müssen.(...)
>
> Bevölkerungspolitik wurde nicht um ihrer selbst willen betrieben, sondern als Mittel zur Rationalisierung der Wirtschaft begriffen: Es ging darum, die 'toten Kosten' zu verringern, die gesamtgesellschaftliche Produktivität zu steigern (..).
>
> In ihren Zukunftsentwürfen sahen die Planer Verkehrsadern, Rohstoffreserven, Gebiete und Menschen als gleichrangige 'Faktoren'. Transportprobleme, 'Ernährungsengpässe' und die Beseitigung der 'Überbevölkerung' stellten aus ihrer Perspektive gleichermaßen Sachzwänge dar, die mit den Mitteln moderner rationeller Planung und Verwaltung zu bewältigen seien.' (...)
>
> Sie verstanden es, aus den Plänen für die militärische Eroberung des Ostens ernährungs- und wirtschaftspolitische Strategien zu entwickeln, die - weit über 'klassische' Eroberungsfeldzüge' und sadistische Mordlust hinaus - die Massenvernichtung zum 'Sachzwang' machten, zur Voraussetzung für langfristige Herrschaft und ökonomische Unterordnung."[218]

---

217 Vgl. Ebd., S. 426ff.
218 Götz Aly/ Susanne Heim a.a.O., S. 482f.

Diese Thesen des Duos lassen sich in zwei Bereiche aufgliedern:

1. "Die Planer der Besatzungsherrschaft beispielsweise erarbeiteten ein Entwicklungsmodell, um die schwer kontrollier- und ausbeutbaren Subsistenzwirtschaften in Süd- und Osteuropa zu zerstören und im Sinne der Interessen der deutschen Wirtschaft eine funktionale ökonomische und soziale Ordnung zu schaffen."
2. "Innerhalb dieses Modells wurde die Vernichtung von Menschen ein spezifisches Mittel der Entwicklungspolitik. Zwei Faktoren waren hierfür konstitutiv: zum einem die wissenschaftliche Abstraktion, die etwa die Zahl der Menschen zu einem beliebig manipulierbaren Zahlenfaktor gerinnen ließ; zum anderen ein politisches Klima, das die Umsetzung solcher Entwürfe uneingeschränkt möglich machte. (...)

Vor allem für die letzte dieser Thesen (...) sind Heim und Aly heftig angegriffen worden."[219]

Die Vernichtung (gemeint ist hier der Holocaust, M.B.) ist nach Ansicht von Aly/ Heim also der zwangsläufige Schritt in einem bestimmten "social engineering" mit den Deutschen als Gewinnern.[220]

Demnach liegt also in der Planung von Bevölkerung und Ökonomie im Zusammenhang mit der Geographie eine mörderische Potenz, die unter bestimmten Bedingungen ("politisches Klima") notwendig zum Tragen kommt. Nur unter welchen?

"Auschwitz ist in hohem Maße die Folge einer gnadenlos instrumentalisierten Vernunft."[221]

Auch dies eine strukturalistische Annahme.

---

219 Ludger Weß: "Wissenschaft und Massenmord - Einige Schlußfolgerungen aus der konzeptionellen Beteiligung der deutschen Intelligenz an der nationalsozialistischen Vernichtungspolitik", in: Wolfgang Schneider (HG): "'Vernichtungspolitik' - Eine Debatte über den Zusammenhang von Sozialpolitik und Genozid im nationalsozialistischen Deutschland", Hamburg 1991, S. 103 - S. 109, S. 104.
Anm.: Daran entzündete sich eine Debatte unter verschiedenen Historikern, auf die hier nur einfach hingewiesen werden soll, da sie allenfalls mittelbar zum Thema gehört. Sie ist nachzulesen in: Wolfgang Schneider (HG): "'Vernichtungspolitik' - Eine Debatte über den Zusammenhang von Sozialpolitik und Genozid im nationalsozialistischen Deutschland", Hamburg 1991.

220 Vgl. Götz Aly/ Susanne Heim a.a.O., S. 484 und S. 488.
Anm.: Die AutorInnen sehen durchaus die kollektiven Vorteile 'der Deutschen', analysieren damit aber keinen Imperialismus nach klassischer Definition.

221 Götz Aly/ Susanne Heim a.a.O., S. 485.

Zudem unterschlägt diese Schlußfolgerung die zentrale Rolle des Antisemitismus bei der Vernichtung der europäischen Juden, weshalb diese Einschätzung hier nicht ganz ernst genommen werden kann. Die meisten Kritiker des Duos Aly/ Heim verweisen allerdings auch auf deren Verdienste:

> "Zunächst einmal belegen die Befunde, daß wesentlich mehr Personen und Institutionen für die Erforschung des Holocaust (und der Besatzungsherrschaft allgemein, M.B.) wichtig sind, als bisher angenommen wurde. Gleichzeitig heißt dies, und auch darauf weisen Heim und Aly ausdrücklich hin, daß die 'Entscheidungsabläufe in den Zentren des nationalsozialistischen Staates' noch längst nicht im vollen Umfang rekonstruiert sind."[222]

Auch wegen des somit notwendig spekulativen Charakters kann der Zusammenhang zwischen Planung und Holocaust hier nicht weiter verfolgt werden.

7.3. Kritische Geschichtswissenschaftler

Der Historiker Dietrich Eichholtz befaßt sich, was die Raumplanung betrifft, leider nur mit dem Generalplan Ost und fand dieses Thema über seine Beschäftigung mit der deutschen Kriegswirtschaft und ihrem Interessengeflecht.[223] Er weist allerdings dem Reichskommissar für die Festigung deutschen Volkstums bei den Planungen eine geringere als die hier angenommene Relevanz zu und sieht in Konrad Meyer vor allem den SS- Mann; diese Annahme kann nach dem bisher Gezeigten als widerlegt gelten, da ja gerade durch Konrad Meyers Planungen Himmler die politische Initiative übernehmen konnte (siehe Abs. 6.3.1.).

> "Wollen wir nun einen ersten Versuch machen, die wichtigsten Interessensstränge zu fixieren, die im Generalplan Ost zusammenflossen, die mitunter parallel, mitunter aber auch konträr zueinander und zur rassistischen Grundlinie verliefen, so lassen sich im wesentlichen wohl folgende zur Diskussion stellen:
>
> – die politische und militärische 'Sicherung' des Eroberten auf lange Sicht durch 'Aussiedlungen' und 'Germanisierung des Bodens' (besondere Erscheinungsformen: 'Wehrbauern'- Idee; Vernichtungsabsicht gegenüber 'kommunistisch verseuchten' sowjetischen Groß- und Industriestädten),
>
> – das sozialimperialistische Interesse an der dauerhaften Festigung der sozialen Basis (Massenbasis) des Regimes durch 'Siedlung', d.h. durch die

---

222 Ludger Weß a.a.O., S. 105.

223 Vgl. Dietrich Eichholtz: "Geschichte der deutschen Kriegswirtschaft 1939 - 1945 Bd. II, Berlin 1985, S. 430ff.

Schaffung umfangreicher, regimeabhängiger, wirtschaftsstarker Schichten von deutschen und 'volksdeutschen' Bauern und größeren Grundbesitzern sowie Agglomeration deutscher städtischer Mittelschichten (unter Bevorzugung von 'Frontkämpfern'),

- Die Expansion des Großkapitals, verbunden mit ökonomischer 'Modernisierung' (...),
- das Interesse an unbegrenzten Nahrungsmittelquellen bzw. -überschüssen (nicht nur kurzfristiges Kriegsinteresse, sondern langfristig verknüpft mit den vorgenannten Interessensträngen).

"Die beim Generalplan Ost dominierende rassistische Komponente der Ostexpansion konnte für alle diese Interessen integrativ wirken. Anders ausgedrückt: Diejenigen Kreise der herrschenden politischen, militärischen, wirtschaftlichen Eliten, die den Krieg um die Eroberung des 'Ostraums' wollten und führten, integrierten die rassistische Ideologie als nützlich in ihre Politik, in die Kriegsführung und in ihr Weltbild."[224]

Abgesehen von der Tatsache, daß die Weiterentwicklung des Rassismus just zu den beschriebenen Zwecken betrieben wurde, zeigt Eichholtz hier noch einmal das Aneignungsinteresse und negiert damit die Vorstellung von einer planlosen Gewaltorgie.

Und es ist auch dieser Historiker, der die Ostplanungen des Reichskommissars für die Festigung deutschen Volkstums ausdrücklich mit früheren kontinentalimperialistischen Konzepten in Zusammenhang setzt. So veröffentlichte der Alldeutsche Verband (Pressure Group der Imperialisten) schon 1911 geographische abgegrenzte Pläne für Kolonien in unmittelbarer Nachbarschaft und entwickelte diese Vorstellungen in unzähligen Parlamentseingaben weiter, ohne daß diese allerdings ein Konzept für die Planung der funktionalen Beziehungen enthielten, weshalb sie in dieser Arbeit nicht gesondert aufgeführt wurden.[225]

---

224 Dietrich Eichholtz: Der 'Generalplan Ost' und die genozidale Variante der imperialistischen Ostexpansion", in: Mechtild Rössler/ Sabine Schleiermacher (HG): "Der 'Generalplan Ost' - Hauptlinien der nationalsozialistischen Planungs- und Vernichtungspolitik", Berlin 1993, S.118 - S. 124, S. 121.

225 Vgl. Alldeutscher Verband, Flugschrift: "Marokko Deutsch", 03. 09. 1911, zitiert nach: Dietrich Eichholtz a.a.O., S. 122:
"Es gibt nun Teile des französischen Gebietes, die wir sehr gut gebrauchen können - die uns mit einem Schlage vor Frankreich dauernd schützen und gleichzeitig England gegenüber eine unabhängige Stellung gewähren würde."

Bleibt für Eichholtz noch die Frage der Einzigartigkeit und/ oder Kontinuität imperialistischer Gewalt:

"Durch die Geschichte unseres Jahrhunderts zieht sich eine Spur von Rassismus, Eroberung und Gewalt - Untaten, die trotz gewisser Ähnlichkeiten wenig mehr gemein haben mit den Verbrechen des Kapitalismus im 18. und 19. Jahrhundert an Schwarzen, an Indern und Indianern."[226]

Dies ist das übliche Unverständnis gegenüber der Despotie (siehe dazu "Grundlegung: Der Nationalsozialismus und seine Entstehung") des Imperialismus - die ja lange Zeit weit genug weg war - und der in ihr liegenden Dynamik im (völkisch legitimierten) kontinentalen Imperialismus Deutschlands.

Karl Heinz Roth, dessen Thema die Oststrategie des Reichssicherheitshauptamts ist, sieht in den Raumplanern des Reichskommissars für die Festigung deutschen Volkstums ein nachgeordnetes[227] Instrument zur Durchführung der bekannten Pläne, verweist aber noch einmal ausdrücklich, daß zu jedem Zeitpunkt die Spitzen der deutschen Großindustrie der Oststrategie der SS sehr nahe standen und konzidiert eine informelle Auftragsdelegation.[228]

Seine Veröffentlichungen versteht Roth als solche aus laufender Forschungsarbeit; seine Schlußfolgerungen beziehen sich überwiegend auf die Darstellung der von ihm als bitter notwendig erachteten weiteren historischen Forschung, weswegen er auf eine Gesamtschau der nationalsozialistischen Oststrategie bisher verzichtete.[229]

---

226 Dietrich Eichholtz a.a.O., 118.

227 Vgl. Karl Heinz Roth: " 'Generalplan Ost' - 'Gesamtplan Ost'. Forschungsstand, Quellenprobleme, neue Ergebnisse", in: Mechtild Rössler/ Sabine Schleiermacher (HG): "Der 'Generalplan Ost' - Hauptlinien der nationalsozialistischen Planungs- und Vernichtungspolitik", Berlin 1993, S. 25- S. 95, S. 58.

228 Vgl. Ebd., S. 53.

229 Vgl. Ebd., S. 26ff.

8. Zusammenfassung und Fazit

Wie schon in der Einleitung angekündigt, ist die Liste der Planungen nicht wirklich vollständig, da aus Platzgründen immer nur das Gebiet der Hauptaktivitäten untersucht wurde. Ausgelassen wurden z.B. die Planungen im sog. Sudetengau und im sog. Protektorat Böhmen und Mähren.

Dort sind Planungsvorgaben zu analysieren,[230] wie sie später vom Reichskommissar für die Festigung deutschen Volkstums für das annektierte Westpolen ausdrücklich formuliert wurden, nur daß der Planungsumfang doch sehr viel geringer ist und statt der Vertreibung mit den Mitteln der Wehrmacht und der Einsatzgruppen eine "schleichende Germanisierung" angestrebt wurde.[231] Im sog. Sudetengau steht die Landwirtschaft, ansonsten die tschechische Industrie im Vordergrund.

Die Niederlande wurden als zukünftiger Reichsteil betrachtet und sollten komplett eingedeutscht werden. Wegen ihrer sprachlichen Verwandtheit erschienen die Niederländer zudem als geeignete zusätzliche Kolonisten für den Osten.[232]

Für die skandinavischen Länder ist dieses Thema bisher noch nicht untersucht.

Ihre Fragestellung, Ausrichtung und Zielsetzung bezog die frühe Raumplanung überall aus den unmittelbaren Notwendigkeiten und Problemen der fortschreitenden Industrialisierung, der damit einher gehenden Veränderungen in der ländlichen Besitz- und Produktionsstruktur und allen daraus resultierenden Problemen der räumlichen Verteilung.

Die Raumplanung z.B. in den USA entwickelte sich aus den gleichen Notwendigkeiten wie hierzulande und fand sogar völlig unabhängig davon vergleichbare Organisationsformen wie die frühe hiesige Raumplanung. Wurden Strukturmaßnahmen projektiert, so bestanden die Methoden hauptsächlich im Landkauf, der verbilligten auflagengebundenen Abgabe desselben und punktuellen Subventionen insbesondere der Energiepreise. Raumplanung wurde Teil des New Deal. Die frühe Entwicklung der amerikanischen Raumplanung wird von den hiesigen Forschern nur rudimentär reflektiert, ihr Entwicklungsvorsprung ist in den Veröffentlichungen schlicht nicht zu finden.

---

230 Vgl. Götz Aly/ Susanne Heim a.a.O., S. 173ff.

231 Vgl. Karl Heinz Roth a.a.O., S. 36.

232 Vgl.Koos Bosma: "Verbindungen zwischen Ost- und Westkolonisation", in: Mechtild Rössler/ Sabine Schleiermacher (HG): "Der 'Generalplan Ost' - Hauptlinien der nationalsozialistischen Planungs- und Vernichtungspolitik", Berlin 1993, S. 199 - S. 214.

Der neugegründete Siedlungsverband Ruhrkohlenbezirk stellt 1920 den Generalsiedlungsplan, den ersten deutschen Raumplan im modernen Sinne auf.

Eingedenk des Einflusses der dort vertretenen Großindustrien auf die lokale Politik hob also dieser Siedlungsverband deren infrastrukturelle Wünsche auf ein wissenschaftliches planerisches Niveau. Das Beispiel machte Schule.

Seit Mitte der zwanziger Jahren ist ein deutlich zunehmendes staatliches Interesse zu erkennen, diese unterschiedlichen Planungsansätze in einer reichseinheitlichen Regelung zusammenzufassen. Die infrastrukturellen Wünsche insbesondere der Großindustrie korrespondierten hier mit dem staatlichen Ordnungswunsch. Der Staat "entdeckte" die Raumplanung. Faßt man den Staat als geschäftsführenden Ausschuß der Bougeoisie auf, konnten sich die Protagonisten der Raumplanung mit ihren neuen Ideen darin durchsetzen, weil Raumplanung das geeignete Instrument war, die allgemeinen Produktionsbedingungen zu verbessern.

Gesamtstaatliche Raumplanung kann dementsprechend auch als Fortsetzung einer Staatstätigkeit (Durchdringung des Territoriums und Gestaltung der Produktionsbedingungen) mit modernen Mitteln aufgefaßt werden.

1935 wurde Raumplanung mit der Reichsstelle für Raumordnung Hoheitsfunktion, Ziel war die Aufstellung eines reichsweiten Raumplans. Es begann die reale Inkorporation in den NS- Staat, was sich zuerst im Ton der Veröffentlichungen niederschlug. Hier wird nichts weiter deutlich, als daß die damaligen Raumplaner dem korporativen Staat völkischer Prägung und dem kontinentalen Imperialismus dienlich sein wollten.

Dienlich waren sie auch bei dem durch Lohnraub finanzierten Autobahnbau, wo den Planern der Reichsstelle allerdings nur die Mitarbeit (ab 1936, Erlasse 1937) bei der Ausführungsplanung zukam; auch räumlich war das Gesamtkonzept schon entwickelt. Die Autobahnplaner werden Raumplaner.

Mit dem Beginn der Maßnahmen (hauptsächlich 1938) des Dr. Helmuth-Plans beginnt dann eine neue qualitative Stufe der Raumplanung im Nationalsozialismus. Die "Lösung" einer durch die nationalsozialistische Wirtschaftspolitik verschärften Krise sollte darin bestehen, die als "Übervölkerung" Definierten vor ihrer "Absiedlung" per Arbeitsdienst zum Ausbau der Infrastruktur und einer für die Verbliebenen besseren Wirtschaftsstruktur zu nutzen. Der Reichsarbeitsdienst wurde Instrument der Raumplanung. Der Dr. Helmuth- Plan kann also als ein Strukturhilfeprogramm unter der Bedingung und der Maßgabe eines korporativen Staates und der durch ihn gesteuerten, regulierten kapitalistischen Ökonomie verstanden werden. Die rassistische Selektion wurde Element und Vorbedingung der Raumplanung.

In Wien wird dieses Element dann zur tragenden Säule der Umverteilung, an der die Raumplaner (in nicht letztlich zu klärendem Umfang) beteiligt waren. Ihr Ziel war also die Durchsetzung/ Festigung eben jenes strukturellen Vorteils für die Volksgemeinschaft, der überhaupt Antrieb für diese Politik war. Die Beraubung einer Minderheit und die wirtschaftliche Sanierung sollten auch aus räumlicher Perspektive bruchlos ineinandergreifen.

Dieselbe Großindustrie (z.B. Krupp), die schon in den Ballungszentren die Raumplanung als ein geeignetes Instrument zur Durchsetzung ihrer infrastrukturellen Interessen mit entwickelt hatte (ließ), formulierte dann auch in ihren imperialistischen Pressure Groups, vor allem im Mitteleuropäischen Wirtschaftstag, raumplanerische Gedanken, eben den Gedanken der Großraumwirtschaft mit dem Ziel einer von Deutschland diktierten Arbeitsteilung, die nach Produktivitätsgrad von Deutschland aus gestaffelt werden sollte. Was diesen Wunschvorstellungen noch fehlte, war die genaue geographische Abgrenzung. Dennoch ist diese angestrebte Verbindung von Geographie und Ökonomie mit der klaren Perspektive der Planung der funktionalen Beziehungen als eine für diese Zeit durchaus neue Form imperialistischer Expansion anzusehen.

Die Pressure Groups adaptierten die Raumplanung in ihre imperialistischen Konzepte, da dieselben sozialen Träger diese neue Disziplin vor ihrer eigenen Haustür (Produktionsbedingungen) als ihnen nützlich erkannt hatten.

Die Umsetzung in Kriegszielplanung (samt Produktionsumstellungen im Sinne der Pressure Groups) mußte dann von einer extra für solche Zwecke geschaffenen Agentur des Staates (ohne den Imperialismus also nicht zu haben ist) bewerkstelligt werden, eben der Vierjahresplanbehörde, in der wiederum Raumplaner mitarbeiteten.

Diese Staatsagentur ist ein gutes Beispiel für eine imperialistische Bürokratie. Zu ihrer Gründung ist die vorher schon existierende Reichsstelle für Raumordnung als Voraussetzung aufzufassen; ihre Existenz läßt sich aber im Gegensatz zur Reichsstelle nur aus dem Expansionsinteresse (also Aneignungsinteresse) und aus keiner der bisher üblichen Staatsaufgaben herleiten.

Dementsprechend verlor die auf das eigene Territorium fixierte und für Expansion ungeeignete Reichsstelle für Raumordnung (im Gegensatz zu ihren Technokraten) an Bedeutung. Dies zeigte sich dann in der Gründung der Reichsarbeitsgemeinschaft für Raumforschung (1936) als der Brücke der Vierjahresplanbehörde zur forschenden und raumplanenden Intelligenz.

Raumplanung wurde ganz offiziell Teilfunktion in der Planung und Vorbereitung kriegerischer Expansion.

Parallel zur Raumplanung entstand in Deutschland die moderne Bevölkerungswissenschaft, deren zunehmende Relevanz eine Zielverschiebung innerhalb der imperialistischen Politik beschrieb. Orientierten sich die Ziele des Mitteleuropäischen Wirtschaftstags anfangs noch stark am klassischen Kapitalexport, so trat jetzt der Export der "Überflüssigen" stärker in den Vordergrund.[233] Der Abteilungschef der Forschungsabteilung der IG- Farben - Anton Reithinger - kombinierte dann auch erstmalig die Vorstellungen des Mitteleuropäischen Wirtschaftstags (wo er ebenfalls mitarbeitete) mit dem "Bevölkerungsproblem" bei zwangsweise ausbleibender Industrialisierung.

Daher die bemerkenswerte Wandlung der politischen Konzeption in der Ausplünderung fremder Länder. Sollten die Länder Südosteuropas noch in einen Ergänzungsverkehr hineingepresst werden, aber ansonsten unverändert bleiben, so sollte im Gegensatz dazu Polen gänzlich vernichtet werden.

Notwendig für das gerade überfallene Polen war eine neue imperialistische Bürokratie; sie wurde gegründet, für die Raumplaner eben die Hauptabteilung Planung und Boden (C33), die alle bisherigen wissenschaftlichen Planungsinstitutionen als Unterbau nutzen konnte.

Die Einbindung der Raumplanung in den Raubkrieg erfolgte also über dieselbe in die imperialistische Bürokratie.

„Ferner erübrigt es sich für den Soldaten, über die Struktur der durch die Wehrmacht erlösten und besetzten Gebiete zu berichten. Der fechtenden Truppe sind ja alsbald Planungsreferenten gefolgt, die den neuen Raum in Ost und West raumplanlich erkunden, auswerten und erobern."[234]

Wie am Beispiel Polens gezeigt wurde, begannen zwar die Planungen mit an Sicherheit grenzender Wahrscheinlichkeit schon vor dem Überfall, aber nicht vor der allgemeinen Feldzugsplanung, die entsprechenden Raumplanungen müssen also als Teil eben dieser Feldzugsplanungen aufgefaßt werden.

In den betreffenden Gebieten sollten die Juden und ein Teil der Polen verschwinden und durch deutsche Siedler ersetzt werden, gleichzeitig sollte die Bevölkerungsdichte gesenkt und so das Gebiet auf die deutschen Wirtschaftsinteressen ausgerichtet werden. Dazu gehörte auch die Vernichtung

---

233 Anm.: Der Imperialismus wird als durch den Kapitalexport initiiert aufgefaßt, damit wurde aber eben ein (!) Verwertungsproblem exportiert. Der Export der "Überflüssigen" muß eben als der Export eines anderen "Verwertungsproblems" aufgefaßt werden.

234 Heinrich Dörr: "Bomben brechen die 'Haufen'- Stadt. Stadtplanerische Betrachtungen über den Luftkrieg", in: Raumforschung und Raumordnung 5/1941, S. 269 - S. 273, S. 269.

der polnischen städtische Kultur und der Raub der auf komplementären Tausch angelegten Restindustrien.

Konrad Meyers Aufgabe (als Leiter der Hauptabteilung) war nun die weitestgehende Koordination all dieser Vorstellungen in einem Raumplan, mit dessen Hilfe sein Vorgesetzter Himmler innerhalb der zeittypischen Konkurrenzen die politische Initiative übernehmen konnte. Die Funktion der Raumplanung bestand hier also in der Koordination der schon von den Einsatzgruppen begonnenen Vertreibung an sich und mit allgemeinen Strukturplänen; Raumplanung wird zu einem entscheidenden politischen Vorteil.

Die dann folgende Ausweitung der Planungsstellen deutet auf einen zunehmenden Bedarf an neuen imperialistischen Bürokratien, deren Planungen dann in den an der jeweiligen militärischen Lage orientierten Generalplänen zusammengefaßt wurden.

Bleibt die zentrale Frage, warum in den USA Staudämme, Straßen und Betriebsansiedlungen mit friedlichen Mitteln und hier die Vernichtung von Millionen Menschen projektiert wurde. Selbstverständlich hat auch das US- Kapital seine Reproduktionsbasis imperialistisch ausgeweitet, aber keinen Generalplan Ost entwickeln lassen. Sie verfolgten eben zur Zeit der Entstehung der Raumplanung keine kontinentalimperialistische Strategie als wesentliches Kennzeichen ihrer Politik.

Die Einbindung der Raumplanung in den Vernichtungskrieg erfolgte also über die Einbindung in die imperialistischen Bürokratien mit der vorher schon stattgefundenen Einbindung in die allgemeine Staatstätigkeit als ihrer Voraussetzung. Der geschäftsführende Ausschuß leistete (leistet) also die zentrale Vermittlungsfunktion.

Der Nationalsozialismus hat sich also seine speziellen Raumplanungen geschaffen, so wie er sich seine speziellen Wirtschaftssteuerungstechniken geschaffen hat. Die Raumplanung lieferte die Verbindung der Einzelmaßnahmen zueinander. Während die Methoden der Reichsbank zumindestens anfänglich an Vorbilder aus dem klassischen Imperialismus erinnerten, sind die Raumplanungen durch ihre Konzeption und genaue Raumanalyse ohne Vorbild in der Phase der imperialistischen Flächenexpansion.

Die Raumplanung sollte den ökonomischen Vorteil realisieren helfen, denn sie orientierte sich immer an den jeweils aktuellen imperialistischen Zielen. Sie sollte also den "Verzehr" der Beute ("größte Kolonisationsaufgabe unserer Zeit") sichern und weitere Raubzüge ermöglichen. Hinter den so nur auf den ersten Blick archaisch anmutenden Gewaltorgien der Wehrmacht, der SS und des SD stand also eine verwissenschaftlichte Planung, die sich in der Lage glaubte, diese imperialistischen Ziele tatsächlich umzusetzen. Allerdings kann, und dies ist eine leider notwendige Einschränkung, die Bedeutung der Raumplanung in beschriebenen imperialistischen Konzepten, also ihr realer Stellenwert bei der Ausraubung insbesondere in Osteuropa, im Rahmen dieser Arbeit nicht letztendlich bemessen werden. Dafür ist, wie auch die daran interessierten Historiker bestätigten, das Thema noch zu unerforscht.

Um den Kübelwagen zu bauen, wurden die Sparer bestohlen; um die Autobahnen zu bauen, wurden die Sozialversicherungen geplündert; um die deutschen Händler zu entlasten, wurden die jüdischen beraubt; um die Rüstungskonjunktur zu erhalten, wurden Handelspartner erpreßt und die Techniken dazu verfeinert; um deutschen Bauern größere Ackerstellen zu ermöglichen, wurden die Polen vertrieben, für Teile des verarbeitenden Gewerbes gilt ähnliches und überall waren Raumplaner daran beteiligt.

Keine Modernisierung im Nationalsozialismus ohne Raub. Und - das unterscheidet den Nationalsozialismus vom einfachen Raubzug - kein Raub ohne (allerdings nachfolgende!) Modernisierung. Darin liegt die Stabilitätssicherung des Nationalsozialismus, denn bei den Arisierungen wurde meistens liquidiert (zuerst nur das Geschäft) und dann rationalisiert und eben nicht einfach die ganze Beute verteilt. Das Initial lag immer beim Raub, wenn auch Pläne für die Modernisierungen schon in den Schubladen lagen, waren sie doch immer allgemein gehalten, wie gerade auch an der Entwicklung der Raumplanung zu sehen ist. Diese verwissenschaftlichte dann den begonnen Raub und führte ihn auf ein höheres Niveau. Die Geschichte der Raumplanung im Nationalsozialismus zeigt also die Inkorporation einer relativ neuen Wissenschaft in ein imperialistisches Konzept und die daraus resultierende "Effektivitätssteigerung" desselben.

Diese Arbeit soll der hoffentlich verständliche Versuch sein, die Inkorporation einer konkreten neuen Wissenschaft in ein konkretes Herrschaftskonzept zu beschreiben. Ein Vergleich mit abstrakter Wissenschafts- und Erkenntnistheorie wurde unterlassen, da er "aufgesetzt" wäre; will meinen: nicht aus dieser Arbeit selbst herausgeleitet wäre.

Insgesamt sehe ich meine im ersten Teil ("Grundlegung: Der Nationalsozialismus und seine Entstehung") vorgetragene Einschätzung des NS - als radikalisiertes kontinentalimperialistisches Konzept unter völkischem Vorzeichen - bestätigt, nur daß die Verwissenschaftlichung des Raubs - sowohl bei den ökonomischen Methoden der Reichsbank als auch bei den Raumplanungen - das Erwartete doch übertrifft.

Unwissenschaftliche Nachschrift (biographisches)

Von erheblicher Bedeutung für die Darstellung der Geschichte der Raumplanung wäre eine Darstellung der Biographien ihrer wichtigsten Protagonisten. Ohne personalisierend zu wirken, ließen sich über diese Biographien wichtige Einblicke in die Sachfragen gewinnen. Nur ist es beim heutigen Kenntnisstand schier unmöglich diese Biographien nachzuzeichnen. Da weder die Alliierten noch die frühe bundesdeutsche Geschichtswissenschaft der Raumplanung große Bedeutung zugemessen haben, liegen nur sehr spärliche Informationen über den Werdegang der Ausführenden vor.

Es wäre von erheblichem Interesse, zu erfahren, woher denn

Gerhard Laub (der in Wien die Umsiedlung der jüdischen Bevölkerung plante),

Paul Ritterbusch (Leiter der Reichsarbeitsgemeinschaft ab 1940),

Willi Richert (Stadtplaner in Posen),

Günter Schmölders, Bruno Wehner (beide Reichsstelle)

Ernst Jarmer, Frank Glatzel (beide Reichsarbeitsgemeinschaft),

Rudolf Hoffmann (vom Autobahnbau zur Raumplanung kommend),

Wilhelm Halbauer, Walter Bangert (beide Planer in Lodz),

Konrad Bildstein, Ludwig Hieber, Hugo Maurer, Ludwig Schmidt-Kehl, Walter Rafelsberger, Wilhelm Stubbenrauch, Gottfried Müller und all die vielen anderen kamen und ob sie je zur Rechenschaft gezogen wurden. Nur ergeben sich Informationen dazu allenfalls zufällig (im Zentrum der Recherche konnte dies nicht stehen). Die üblichen Nachschlagewerke (Biographische Sammlungen, Wer Ist's, Wer ist Wer) weisen hier die bekannten Lücken auf.

Nach mündlicher Auskunft (Prof. Dr. Buchhofer) war der Judenreferent und Raumplaner im Reichskommissariat Ostland Werner Essen in der BRD wieder in seinem früheren Betätigungsfeld Geographie an verschiedenen Instituten aktiv.

Den Raumplanern ist es also sehr gut gelungen, ihre Funktion während des Nationalsozialismus zu verschweigen. Davon gibt es nur drei Ausnahmen, bei zweien kam das zu solcher Aufklärung führende besondere Interesse von außen.

1. Walter Christaller (1893 - 1969)

    Der Pfarrerssohn, Wanderarbeiter, Soldat (I. Weltkrieg) und Aktivist der Bodenreformer legt 1930 die Prüfung zum Diplomvolkswirt ab (obwohl er sich schon lange mit der Geographie beschäftigt) und promoviert

1933 mit seiner wirtschaftsgeographischen Studie "Die zentralen Orte in Süddeutschland". Dies ist die Geburtsstunde der modernen Kulturgeographie, und deshalb ist Walter Christallers Biographie heute zugänglich: die amerikanischen Geographen rezipieren nach dem II. Weltkrieg sein grundlegendes Werk.

1933 flüchtet das SPD- Mitglied kurzzeitig nach Frankreich, wird von Konrad Meyer zurückgeholt und arbeitet an der Berliner Universität. 1940 wird Christaller NSDAP- Mitglied und nicht-maßgeblicher Mitarbeiter des Arbeitskreises Zentrale Orte in der Hauptabteilung Planung und Boden (keine juristische Würdigung bekannt). Die Hauptabteilung schätzt sein theoretisches Wissen und hält ihn wegen seiner politische Vergangenheit auf Distanz. Nach dem Krieg wird Christaller erst Mitglied der KPD und später wieder der SPD. Er arbeitet als Privatdozent auf Honorarbasis.

2. Über Josef Umlauf (? - 1989) ist im Text (Kap. 6) schon berichtet worden. Er war zentral an der Zerstörung polnischer Städte beteiligt, rettet sich mit einer simplen Lüge vor Verfolgung und kann einer der Mentoren der Raumplanung in der BRD werden. Erst im Laufe der 80er Jahre stellen jüngere Raumplaner (vor allem Niels Gutschow) dumme Fragen. Seine Institutsgeschichtsschreibung ist die reinste Verschleierung.

3. Konrad Meyer- Hetling (1900 - 1973)

Studium der Landwirtschaft an der Universität Göttingen.
1926 Promotion, danach Assistent am Institut für Pflanzenbau und Pflanzenzüchtung an der Universität Breslau.
1927 Ass. am Inst. für Pflanzenbau an der Universität. Göttingen.
1930 Habilitation für landwirtschaftlichen Pflanzenbau.
1930/33 Privatdozent am Institut für Pflanzenbau in Göttingen.
1934 Berufung. auf den Lehrstuhl für Acker- und Pflanzenbau an der Universität Jena.
1934/35 Berufung zum ordentlichen Professor für "Ackerbau und Landbaupolitik".
Seit Ende 1933 gleichzeitig Mitarbeiter und Leiter des Referats "Allgemeine Biologie, Landbau, Forst und Veterinärwissenschaft" am preußischen Kultusministerium bzw. an dem entsprechenden Reichsministerium. (In dieser Eigenschaft steuerte er die gesamte Personalpolitik dieser Ressorts ab dieser Zeit!)
1935/40 Leiter der "Reichsarbeitsgemeinschaft für Raumforschung".
1935/45 Obmann des "Forschungsdienstes".
1939/45 Leiter der "Hauptabteilung Boden" beim "Reichskommissariat für die Festigung des deutschen Volkstums", das dem Reichsführer der SS, Heinrich Himmler, unterstand. Maßgebliche Beteiligung am Entste-

hen des berüchtigten "Generalplanes Ost", der die Vertreibung und den Tod von Millionen Menschen der osteuropäischen Völker vorsah.
1945/48 durch die amerikanische Militärregierung interniert.
1949 Leiter des Saatzuchtbetriebes RIMPAU in Einbeck.
1956 Berufung zum ordentlichen Professor für Landbau- und Landesplanung an der Universität Hannover.
1969 Emeritiert. Publikationen zur Raumforschung.

Der studierte Agrarwissenschaftler wird 1931 Mitglied der NSDAP und der SS. Der Aktivist verdankt der Nazibewegung alles - und sie verdankt ihm viel. Er wird d i e zentrale Figur der Raumplanung im Nationalsozialismus. Alle seine vielen Funktionen und Tätigkeiten scheinen darauf hinaus zu laufen, die Raumplanung zu eben dem Instrument zu entwickeln, das sie dann in Polen wurde. Er ist ein Spiegel seiner Zeit. Gegen Ende des Krieges gelingt es Mitarbeitern des Reichskommissars für die Festigung deutschen Volkstums, vermutlich wesentliche Unterlagen zu vernichten. Konrad Meyer wird in Nürnberg angeklagt, weshalb über ihn heute Informationen vorliegen, kann das Gericht in die Irre führen, bekommt drei Jahre Haft auf dem Hohenasperg für die Mitgliedschaft in der SS. "Allerdings verlief seine Nachkriegskarriere zunächst nicht ganz reibungslos: Nach Internierungszeit und der Periode als Häftling in Nürnberg wurde Meyer als Leiter eines Saatzuchtbetrieb in Voldagsen/Einbek bei Hannover tätig, wo sich nun auch das frühere Kaiser Wilhelm Institut für Züchtungsforschung befand. Zu diesem hatte er bereits vor 1945 in enger Verbindung gestanden. Im Wintersemester 1954 erhielt er erstmals einen Lehrauftrag an der TH Hannover, wo sein alter Kollege Heinrich Wiepking-Jürgensmann inzwischen die Fakultät für „Gartenbau und Landeskultur" aufgebaut hatte. Wiepking war seinerzeit ebenfalls mit einem Projekt an den DFG-geförderten Grundlagenforschungen für den RKF beteiligt gewesen, d.h. die alten Netzwerke funktionierten noch, wenn auch mit gewisser zeitlicher Verzögerung. Im Sommer 1956 wurde Meyer als ordentlicher Professor auf den neugeschaffenen Lehrstuhl für Landbau und Landesplanung in Hannover berufen und war somit wieder in der universitären Wissenschaft angekommen. Im gleichen Jahr wurde er Mitglied der 1946 neugegründeten Akademie für Raumforschung und Landesplanung in Hannover. Dort versammelten sich einige der schon im Nationalsozialismus bedeutenden Kapazitäten für Raumplanung – ganz im Stil der alten „Reichsarbeitsgemeinschaft für Raumforschung", die Meyer von 1936-39 geleitet hatte. Beispielsweise war Meyers alter Berliner Mitarbeiter, der Agrarsoziologe Herbert Morgen, ab 1966 Präsident der Akademie. Gleichzeitig knüpfte die Akademie zu Beginn der sechziger Jahre explizit und unkritisch an die Tradition ihrer Vorgängerinstitutionen, der „Reichsarbeitsgemeinschaft für Raumforschung" an, in dem sie ihr 25-jähriges Bestehen bereits 1960, am Gründungstag der „Reichsarbeitsgemeinschaft" (16. Dezember 1935) beging. Man beklagte lediglich, daß die Nachfolgeinstitution noch nicht die „übergeordnete und koordinierende Funktion" der alten „Reichsarbeitsgemeinschaft" wiedererlangt hätte. Deren Zeitschrift „Raumforschung und Raumordnung" (die erste Nummer erschien 1937) wurde unbesehen weitergeführt, sie erscheint heute, im Jahre 2003, im 61. Jahrgang. Auch in der Akademie, genau wie in seiner Fakultät, übernahm Meyer eine tragende Rolle als Wissenschaftler und Forschungsorganisator. Dazu betätigte er sich wieder als Politikberater und arbeitete beispielsweise 1966 als Landesentwicklungs-Experte für die Niedersächsische Landesregierung. An der TH Hannover lehrte Meyer vor allem über „Landesplanung und Landespflege", die „Bewertung landwirtschaftlicher und städtischer Grundstücke", „Raumforschung und Planung" sowie „Raumnutzung". Er publizierte rege, unter anderem über ländliche Notstandsgebiete, die räumlichen Disparitäten innerhalb der EWG (1959, 1960), den „Bauern im Leitbild der Raumordnung" (1962), die „Ordnung im ländlichen Raum" (1964), ländliche Regionalplanung, den „Mensch[en] im Spannungsfeld der Raumordnung" (1967), über Grundfragen von Raumforschung und Landesplanung. Daneben betreute Konrad Meyer eine ganze Anzahl von Dissertationen, unter anderem die Untersuchung seines Schülers H. Böke über „Die Veränderung der Flächennutzung und Bevölkerungsstruktur im Raum einer wachsenden Großstadt, dargestellt am Beispiel Hannover". Dieses Projekt war das einzige, für das Meyer nach 1945 noch eine Finanzierung durch die DFG erhielt, nämlich in den Jahren 1958 und 1959 über insgesamt 4.400 DM. Dieses Projekt wurde vom DFG-Schwerpunkt Wirtschaftsgeographie gefördert, im Kontext der Vorarbeiten eines umfassenden Atlaswerkes zum Thema „Die deutsche Agrarlandschaft". Die Frage, woher Meyer ab 1956 statt dessen seine Forschungsgelder nahm, ist nicht ganz eindeutig zu beantworten. Vermutlich half die recht großzügige Ausstattung seiner Fakultät an der TH Hannover, höchstwahrscheinlich konnte er auch über seine Position in der Akademie für Raumforschung und Landesplanung Mittel mobilisieren. Was blieb nun an Kontinuitäten zu Meyers Tätigkeit als führender Raumforscher im Nationalsozialismus? Zunächst einmal galt Meyer auch in Hannover ein Pionier seiner Zunft: Er kombinierte die bislang vor allem auf den städtischen Raum ausgerichtete Raumordnung mit der Entwicklung des ländlichen Raumes und der Landespflege. Die Aufgaben der Landesplanung beschrieb Meyer als Hochschullehrer in Hannover ganz ähnlich wie vor 1945, nur daß er nun durchgehend „Volk" durch „Gesellschaft" ersetzte, Anspielungen auf den rassischen Wert des deutschen Bauern unterließ und „Lebensraum" hinfort mit der Forderung nach Nachhaltigkeit und Naturschutz verknüpfte. Seine eingangs referierten Kernziele „völkische Neuordnung", „Förderung des deutschen Bauerntums" und „Erweiterung des deutschen Lebensraums" lasen sich Ende der fünfziger Jahren folgendermaßen: erstens „Landesplanung zur Neuordnung der Boden- und Arbeitsverhältnisse", zweitens „Aufrechterhaltung gesunder landesphysiologischer Kreisläufe" und „Schaffung neuer Arbeitsmöglichkeiten auf dem Land" sowie drittens „nachhaltige Landeskultur und optimale Landnutzung". Aufschlussreich für die Kontinuitäten und Brüche in Meyers Denken und Arbeiten ist auch der Vergleich zweier seiner Nachkriegspublikationen. In der 1953 publizierten Studie „Nahrungsraum und Überbevölkerung" verwandte er noch ganz explizit rassistische Stereotypen (z.B. Überlegenheit der „weißen Rasse" und der „germanischen Völker" im Hinblick auf ihre Kultur- und Kolonisationsleistungen) und befürwortete gigantische Landgewinnungsprojekte wie die Trockenlegung des Mittelmeeres (!). Nicht die Neuordnung deutschen Lebensraumes diente nunmehr als Argument für massive Bevölkerungsverschiebungen, sondern die Welternährungsbilanz sollte durch eine Umverteilung von Menschen in „Auffanggebiete" entlastet werden. Knapp fünfzehn Jahre später, in einem 1967 veröffentlichten Vortrag über „Den Menschen im Spannungsfeld der Raumplanung" war Meyer dagegen „im Westen angekommen" und stellte den Menschen und dessen Bedürfnisse ins Zentrum seiner Überlegungen. Noch immer kämpfte er gegen „Vermassung" und „Verstädterung", bekannte sich aber zu einer humanen Planung, welche die Freiheit des Individuums zu respektieren habe. Der Raumplaner habe auf den „schöpferischen Ausgleich" der Gegenwartsprobleme hinzuarbeiten und als Politikberater Überzeugungsarbeit zu leisten. Allerdings konnte Meyer sein Bedauern darüber, daß die Raumplanung in der Demokratie eben nicht mehr alle Erkenntnisse ohne Rücksichten umsetzen könne, nicht verbergen. Fazit: Raumforschung und Raumordnung in NS und BRD: Kontinuitäten und Brüche 1) Die Pläne und ihre Finanzierung: Konrad Meyer ist zutreffend als Herrscher über ein „wahres Wissenschaftsimperium" beschrieben worden. Durch seine Machtposition in DFG, Reichsforschungsrat, Forschungsdienst und universitärer Wissenschaft konnte er die Expertise eines breiten Kreises von Fachwissenschaftlern (Agrarwissenschaftler, Raumforscher, aber auch Finanzexperten, Juristen und Ingenieure) in den Dienst der Neuordnung des „deutschen Ostens" und der Umvolkungspläne für Osteuropa stellen. Die Entwürfe waren jedoch explizit für die Praxis gemacht. Dies entsprach einmal Meyers Selbstverständnis als Wissenschaftler und Praktiker. Zugleich hatte SS-Chef Himmler als Auftraggeber der Pläne – wie megaloman sie auch immer waren – dezidiert deren Realisierung im Sinn. Die nur partielle Umsetzung der Pläne während des Krieges darf nicht darüber hinwegtäuschen, daß sie ausdrücklich für die Praxis und im Hinblick auf punktgenaue Implementierung entworfen wurden. Die DFG stellte hierfür einen nicht unbeträchtlichen Teil der Finanzierung bereit. 2) Die wissenschaftliche Bedeutung der DFG-geförderten Raumforschung: Hinsichtlich des wissenschaftlichen Wertes der DFG-geförderten Raumplanungen bleibt zu betonen, daß sie keinesfalls als seriöse, ideologiefreie Forschung betrachtet werden können. In einer nach dem Führerprinzip strukturierten DFG wurde mit Meyers Arbeiten eine hoch zeit-

und ideologiegebundene Grundlagenforschung finanziert. Es ist zwar richtig, daß sich in der Planungsstelle des RKF namhafte Experten versammelten, die auf dem Gebiet der Raum- und Landesplanung manche Innovation erarbeiteten, jedoch immer vor dem Hintergrund der angeblich zur Verfügung stehenden „menschenleeren Räume". Deswegen ist es problematisch, wenn Meyer in einem 1971 erschienen Artikel rückblickend konstatierte: "Die Begriffe Raumordnung und Raumordnung wären auch ohne das Regime der 30er Jahre geboren und politische Vokabeln geworden." Gewiss hätte man sich auch ohne das NS-Regime und die Besatzungspolitik des Zweiten Weltkriegs in Deutschland mit Raumplanung befaßt, nur eben nicht auf der Grundlage von Gewalt und Millionen Toten beziehungsweise Vertreibungsopfern. 3) Kontinuitäten der Planung und moderate Kurskorrekturen: Andererseits konnten Meyer und die anderen Pioniere der Raumforschung und Landesplanung nach 1945 recht unproblematisch an ihre Arbeiten aus dem Krieg anknüpfen: Sie ließen das rassistische Großraumdenken sukzessive weg und wandten sich insbesondere der Regionalplanung und dem Naturschutz zu. Beispielsweise transformierte Meyer seine Kombination von Stadtplanung und Landschaftsgestaltung vergleichsweise bruchlos zu nachhaltigen Regionalentwicklungskonzepten in der Bundesrepublik, zu Fragen von Umwelt- und Naturschutz. Die rücksichtslose Disposition über Millionen Menschenleben, welche gemeinsam mit der Idee einer rassischen Restrukturierung Europas bis 1945 das Grundaxiom der Neuordnungskonzepte gebildet hatte, und die Planung von Massenvertreibungen gab er statt dessen auf. Zumindest für Meyers Nachkriegsveröffentlichungen ist jedoch anzumerken, daß die Gründung der EWG gewisse Anschlussmöglichkeiten der gesamteuropäischen Planung eröffnete, nun allerdings in bescheidenerem Umfang und im Rahmen einer demokratischen Gesellschaftsordnung. Leicht überspitzt könnte man folgern: Die einstigen Lebensraum- Konzepte schrumpften zu Fragen der Entwicklung europäischer Regionen."[235]

---

235 Heinemann, Isabel: "Konrad Meyer und der Generalplan Ost", Berlin 2003

Literaturliste

Götz Aly. (HG): "Modelle für ein deutsches Europa - Ökonomie und Herrschaft im Großwirtschaftsraum", Berlin 1992.

Götz Aly/ Susanne Heim: "Vordenker der Vernichtung - Auschwitz und die deutschen Pläne für eine neue europäische Ordnung", Frankfurt a.M. 1991/ 1993.

Hannah Arendt: "Elemente und Ursprünge totaler Herrschaft", Frankfurt a. M. 1955.

Wilhelm Bechtel: "Verfahrensweisen", in: Raumforschung und Raumordnung 1/1936 S. 25 - S. 27.

Konrad Bildstein: "Der Dr. Helmuth- Plan - Seine Grundlagen und seine Entwicklung", in: Raumforschung und Raumordnung 2/ 1938, S. 46 - S. 53.

W. H. Blöker: "Raumordnung", in: Raumforschung und Raumordnung 1/1936, S 5 - S. 8.

Koos Bosma: "Verbindungen zwischen Ost- und Westkolonisation", in: Mechtild Rössler/ Sabine Schleiermacher (HG): "Der 'Generalplan Ost' - Hauptlinien der nationalsozialistischen Planungs- und Vernichtungspolitik", Berlin 1993, S.199 - S. 214.

Gerhard Botz: "Wohnungspolitik und Judenverfolgung in Wien 1938 - 1945 - Zur Funktion des Antisemitismus als Ersatz nationalsozialistischer Sozialpolitik", Salzburg 1975.

Carl Brinkmann: "Das Problem der agraren Überbevölkerung in Europa", in: Arbeitstagung des Forschungsdienstes Dresden, Sonderheft 18, 1943, S. 58 - S. 62.

Christopher R. Browning: "Vernichtung und Arbeit - Zur Fraktionierung der planenden deutschen Intelligenz im besetzten Polen", in: Wolfgang Schneider (HG): "'Vernichtungspolitik' - Eine Debatte über den Zusammenhang von Sozialpolitik und Genozid im nationalsozialistischen Deutschland", Hamburg 1991, S. 37 - S. 52.

Ekkehard Buchofer: "Polen: Raumstrukturen - Raumprobleme", Frankfurt a.M. 1981.

Dan Diner: "Die Wahl der Perspektive - bedarf es einer besonderen Historik des Nationalsozialismus?", in: Wolfgang Schneider (HG): "'Vernichtungspolitik' - Eine Debatte über den Zusammenhang von Sozialpolitik und Genozid im nationalsozialistischen Deutschland", Hamburg 1991, S. 64- S. 76.

Heinrich Dörr: "Bomben brechen die 'Haufen'- Stadt. Stadtplanerische Betrachtungen über den Luftkrieg", in: Raumforschung und Raumordnung 5/1941, S. 269 - S. 273.

Dietrich Eichholtz: Der 'Generalplan Ost' und die genozidale Variante der imperialistischen Ostexpansion", in: Mechtild Rössler/ Sabine Schleiermacher (HG): "Der 'Generalplan Ost' - Hauptlinien der nationalsozialistischen Planungs- und Vernichtungspolitik", Berlin 1993, S. 118 - S. 124.

Dietrich Eichholtz: "Geschichte der deutschen Kriegswirtschaft 1939 - 1945 Bd. II, Berlin 1985.

Fritz Fischer: "Griff nach der Weltmacht - Die Kriegszielpolitik des kaiserlichen Deutschlands 1914 - 1918", Düsseldorf 1961.

Michel Foucault: "Überwachen und Strafen", Frankfurt 1976.

Rainer W. Fuhrmann: "Polen: Geschichte, Politik, Wirtschaft", Hannover 1990.

Frank Glatzel: "Besiedlung der Ostgebiete durch bäuerliche Kolonisation aus dem Altreich", in: Raumforschung und Raumordnung, 3/ 1940, S. 147 - S. 149.

Frank Glatzel: "Das Bauerntum als Stoßtrupp nationalsozialistischer Raumplanung", in: Raumforschung und Raumordnung 3/1936, S. 119 - S. 126.

Hermann Göring: Grußadresse in Raumforschung und Raumordnung 7/ 1938.

Walter Grode: "Modernisierung und Destruktion - regionale Differenzierungen der nationalsozialistischen Vernichtungspolitik im besetzten Polen", in: Wolfgang Schneider (HG): "'Vernichtungspolitik' - Eine Debatte über den Zusammenhang von Sozialpolitik und Genozid im nationalsozialistischen Deutschland", Hamburg 1991, S. 53 - S. 64.

Gert Gröning: Die 'Allgemeine Anordnung Nr. 20/VI/42' - Über die Gestaltung der Landschaft in den eingegliederten Ostgebieten", in: Mechtild Rössler/ Sabine Schleiermacher (HG): "Der 'Generalplan Ost' - Hauptlinien der nationalsozialistischen Planungs- und Vernichtungspolitik", Berlin 1993, S. 131 - S. 135.

Niels Gutschow: "Stadtplanung im Warthegau 1939 - 1944", in: Mechtild Rössler/ Sabine Schleiermacher (HG): "Der 'Generalplan Ost' - Hauptlinien nationalsozialistischer Planungs- und Vernichtungspolitik", Berlin 1993, S. 232 - S. 258.

Hannes Heer/ Klaus Naumann (HG.): "Vernichtungskrieg - Verbrechen der Wehrmacht 1941 - 1944", Hamburg 1995.

Heinemann, Isabel: "Konrad Meyer und der Generalplan Ost", Berlin 2003

Helmut Heiber: "Dokumentation: Der Generalplan Ost", in: Vierteljahreshefte für Zeitgeschichte 3/ 1958, S. 281 - S. 325.

Susanne Heim/ Götz Aly: "Sozialplanung und Völkermord - Thesen zur Herrschaftsrationalität der nationalsozialistischen Vernichtungspolitik", in: Wolfgang Schneider (HG): "'Vernichtungspolitik' - Eine Debatte über den Zusammenhang von Sozialpolitik und Genozid im nationalsozialistischen Deutschland", Hamburg 1991, S. 11 - S. 24.

Ulrich Herbert: "Rassismus und rationales Kalkül - Zum Stellenwert utilitaristisch verbrämter Legitimstionsatrategien in der nationalsozialistischen 'Weltanschauung'", in: Wolfgang Schneider (HG): "'Vernichtungspolitik' - Eine Debatte über den Zusammenhang von Sozialpolitik und Genozid im nationalsozialistischen Deutschland", Hamburg 1991, S. 25 - S. 36.

Ludwig Hieber: "Die Kreditversorgung im Dienste des Aufbauwerks", in: Raumforschung und Raumordnung 2/ 1938, S. 99 - S. 100.

Rudolf Hilferding: "Das Finanzkapital", Berlin 1910/ 1947.

Rudolf Hoffmann: "Aktive Verkehrs- und Raumpolitik", in: Raumforschung und Raumordnung 1/ 1937 S. 148 - S. 157.

Rudolf Hoffmann: "Neue verkehrs- und raumpolitische Entwicklungen", in: Raumforschung und Raumordnung 8/ 1937, S. 455 - S. 461.

Joachim S. Hohmann: "Landvolk unterm Hakenkreuz - Agrar- und Rassenpolitik in der Rhön", Band I + II, Frankfurt a.M., Berlin, Bern, Paris, New York, Wien 1992.

Ernst Jarmer: "Politische Zielsetzung und weltanschauliche Abgrenzung der Raumordnung" in: Raumforschung und Raumordnung 1/ 1936, S. 8 - S. 10.

Ernst Klee/ Willi Dreßen (HG): "Gott mit uns - Der deutsche Vernichtungskrieg im Osten", Frankfurt a.M. 1989.

Vgl.: Reinhard Kühnl: "Faschismustheorien - Ein Leitfaden", Marburg 1990 (Neuauflage).

Thomas Kunze/ Rainer Sommer: "Geschichte der Reichsautobahn", in: Rainer Stommer (HG): "Reichsautobahnen - Pyramiden des Dritten Reiches", S. 22 - S. 49.

Karl Lärmer: "Autobahnbau in Deutschland 1933 - 1945", Berlin 1975.

Joachim Leuschner: "Volk und Raum - Zum Stil nationalsozialistischer Außenpolitik", Göttingen 1958.

Czeslaw Madajczyk: "Vom 'Generalplan Ost' zum Generalsiedlungsplan'", in: Mechtild Rössler/ Sabine Schleiermacher (HG): "Der 'Generalplan Ost' - Hauptlinien der nationalsozialistischen Planungs- und Vernichtungspolitik", Berlin 1993, S. 12 - S. 19.

Czeslaw Madajczyk: "Die Okkupationspolitik Nazideutschlands in Polen 1939—1945", Köln 1988.

Ernest Mandel: "Marxistische Wirtschaftstheorie", Frankfurt, 1968.

Hugo Maurer: "Neuordnung der Basaltindustrie in der Rhön", in: Raumforschung und Raumordnung 2/ 1938, S. 97 - S. 98.

Konrad Meyer: Eröffnungsvortrag in: Raumforschung und Raumordnung 1/1936 S. 3f.

Rolf Dieter Müller: "Hitlers Ostkrieg und die deutsche Siedlungspolitik", Frankfurt a.M. 1991.

Dieter Münk: "Die Organisation des Raumes im Nationalsozialismus - eine soziologische Untersuchung ideologisch fundierter Leitbilder in Architektur, Städtebau und Raumplanung des Dritten Reiches", Bonn 1993.

Gottfried Müller: "Raumplanung", in: Akademie für Raumforschung und Landesplanung (HG): "Handwörterbuch der Raumforschung und Raumordnung", Hannover 1970, S. 2542 - S. 2553.

Dr. Theodor Müller: "Landeskunde des Genralgouvernements", Krakau 1943.

Elke Pahl-Weber: "Die Reichsstelle für Raumordnung und die Ostplanung", in: Mechtild Rössler/ Sabine Schleiermacher (HG): "Der 'Generalplan Ost' - Hauptlinien der nationalsozialistischen Planungs- und Vernichtungspolitik", Berlin 1993, S. 148 - S. 152.

Walter Rafelsberger: "Die wirtschaftliche Eingliederung der Ostmark in den großdeutschen Raum", in Raumforschung und Raumordnung, 10/ 1938, S. 481 - S. 487.

Alfred Sohn- Rethel: "Ursprung und Bestimmung einer ständischen Handelspolitik", in: Der Deutsche Volkswirt vom 20. 07. 1934, S. 1881ff.

Werner Röhr: "Rassismus als Expansionsprogramm - Über die Leistungsfähigkeit der NS- Ideologie", in: Wolfgang Schneider (HG): "'Vernichtungspolitik' - Eine Debatte über den Zusammenhang von Sozialpolitik und Genozid im nationalsozialistischen Deutschland", Hamburg 1991, S. 119 - S. 134.

Mechtild Rössler: "Die Institutionalisierung einer neuen Wissenschaft im Nationalsozialismus - Raumforschung und Raumordnung 1935 - 1945", in: Geographische Zeitschrift 75, 1987, S. 177 - S. 194.

Mechtild Rössler: "Wissenschaft und Lebensraum - geographische Ostforschung im Nationalsozialismus, Ein Beitrag zur Disziplingeschichte der Geographie", Berlin, Hamburg 1990.

Mechtild Rössler/ Sabine Schleiermacher: "Der 'Generalplan Ost' und die 'Modernität' der Großraumordnung. Eine Einführung", in: Mechtild Rössler/ Sabine Schleiermacher (HG): "Der 'Generalplan Ost' - Hauptlinien der nationalsozialistischen Planungs- und Vernichtungspolitik", Berlin 1993, S. 7 - S. 11.

Karl Heinz Roth: "Das Arbeitswissenschaftlich Institut der Deutschen Arbeitsfront und die Ostplanung", in: Mechtild Rössler/ Sabine Schleiermacher (HG): "Der 'Generalplan Ost' - Hauptlinien nationalsozialistischer Planungs- und Vernichtungspolitik", Berlin 1993, S. 213 - S. 225.

Karl Heinz Roth: " 'Generalplan Ost' - 'Gesamtplan Ost'. Forschungsstand, Quellenprobleme, neue Ergebnisse", in: Mechtild Rössler/ Sabine Schleiermacher (HG): "Der 'Generalplan Ost' - Hauptlinien der nationalsozialistischen Planungs- und Vernichtungspolitik", Berlin 1993, S. 25 - S. 95.

Karl Heinz Roth: "Europäische Neuordnung durch Völkermord - Bemerkungen zu Götz Alys und Susanne Heims Studie über die 'Vordenker der Vernichtung'", in: Wolfgang Schneider (HG): "'Vernichtungspolitik' - Eine Debatte über den Zusammenhang von Sozialpolitik und Genozid im nationalsozialistischen Deutschland", Hamburg 1991, S. 179 - S. 196.

Karl Heinz Roth: "Vernichtung und Entwicklung - Die nazistische 'Neuordnung' und Bretton Woods" in: Mitteilungen der Dokumentationsstelle zur NS- Sozialpolitik, Juni 1985, S. 1 - S. 52.

Dr. (ohne Vorname) Schepers: "Raumordnung", in: Dr. Max Freiherr von Prel (HG): "Das Generalgouvernement", Würzburg 1942, S. 203 - S. 214.

Fritz Scherer: "Der Einsatz des Reichsarbeitsdienstes in Mainfranken", in Raumforschung und Raumordnung 2/ 1938, S. 65 - S. 70.

Ludwig Schmidt- Kehl: "Der Mensch in der Rhön", in: Raumforschung und Raumordnung 1/ 1938, S. 74 - S. 74.

Günter Schmölders: "Deutsche und amerikanische Raumplanung - Ein Vergleich ihrer Vorraussetzungen und Methoden", in: Raumforschung und Raumordnung 8/1938, S. 371 - S. 374.

Günter Schmölders: "Probleme der Raumordnung in den USA" in: Raumforschung und Raumordnung 1/1936, S 29 - S. 36.

Wolfgang Schneider (HG): "'Vernichtungspolitik' - Eine Debatte über den Zusammenhang von Sozialpolitik und Genozid im nationalsozialistischen Deutschland", Hamburg 1991.

Hans Schrepfer: "Raum und Volk seit vorgeschichtlicher Zeit", in: Raumforschung und Raumordnung 1/ 1937, S. 59 - S. 68.

Wolfgang Schumann: "Griff nach Südosteuropa", Berlin 1973.

Martin Seckendorf: "Die 'Raumordnungsskizze' für das Reichskommissariat Ostland vom November 1942 - Regionale Konkretisierung der Ostraumplanung", in: Mechtild Rössler/ Sabine Schleiermacher (HG): "Der 'Generalplan Ost' - Hauptlinien der nationalsozialistischen Planungs- und Vernichtungspolitik", Berlin 1993, S. 175 - S. 188.

Peter- Heinz Seraphim: "Das Judentum im osteuropäischen Raum", Essen 1938.

Wilhelm Stubbenrauch: "Raumordnung und Wehrmacht", in: Raumforschung und Raumordnung, 1/1937, S.11 - S. 13.

Josef Umlauf: "Zur Entwicklungsgeschichte der Landesplanung und Raumordnung", Hannover 1986.

Josef Umlauf: "Wesen und Organisation der Raumordnung", Essen 1958.

Josef Umlauf: "Zur Stadtplanung in den neuen deutschen Ostgebieten", in: Raumforschung und Raumordnung 3/4//1941, S. 100 - S. 122.

Bruno Wehner: "Der Stand der nordamerikanischen Planungen", in: Raumforschung und Raumordnung 1/1936, S. 36 - S. 44.

Ludger Weß: "Wissenschaft und Massenmord - Einige Schlußfolgerungen aus der konzeptionellen Beteiligung der deutschen Intelligenz an der nationalsozialistischen Vernichtungspolitik", in: Wolfgang Schneider (HG): "'Vernichtungspolitik' - Eine Debatte über den Zusammenhang von Sozialpolitik und Genozid im nationalsozialistischen Deutschland", Hamburg 1991, S. 103 - S. 109.

Wolfgang Wippermann: "Wie modern war der 'Generalplan Ost'? Thesen und Antithesen", in: Mechtild Rössler/ Sabine Schleiermacher (HG): "Der 'Generalplan Ost' - Hauptlinien der nationalsozialistischen Planungs- und Vernichtungspolitik", Berlin 1993, S. 125 - S. 130.

Joachim Wolschke- Bulmahn: "Gewalt als Grundlage nationalsozialistischer Stadt- und Landschaftsplanung in den eingegliederten Ostgebieten", in: Mechtild Rössler/ Sabine Schleiermacher (HG): "Der 'Generalplan Ost' - Hauptlinien der nationalsozialistischen Planungs- und Vernichtungspolitik", Berlin 1993, S. 328 - S. 338.

www.ingramcontent.com/pod-product-compliance
Lightning Source LLC
Chambersburg PA
CBHW020129010526
44115CB00008B/1047